이슬람의 탄생

차례
Contents

03 머리말 05 무함마드와 이슬람교 창시 16 이슬람교의 5대 기둥과 『꾸란』 43 이슬람제국의 급속한 성장과 분열 80 서구 기독교 문화를 압도한 이슬람문화

머리말

 서로마제국이 역사 속으로 사라진(476) 후 지중해세계의 주인으로 부상한 것은 이슬람제국이었고, 그 이슬람제국을 출현시키고 발전시킨 것은 이슬람교였다. 이슬람제국 출현 이후 지중해는 무슬림의 무대가 되었으며 이슬람교의 발전은 곧 아랍-이슬람세계의 발전을, 아랍-이슬람세계의 성장은 이슬람교의 성장을 의미하게 되었다.

 한편 이슬람교는 세계 3대 종교 중에서 가장 늦게 창시된 종교이나 오늘날 14억에 달하는 신도-이슬람교 측은 17억이라 주장한다-를 자랑한다. 뿐만 아니라 제2차 세계대전 후 이집트와 사우디아라비아를 비롯한 중동의 이슬람 국가들이 독립하거나 새롭게 출발하고, 더불어 석유의 가치가 급격히

높아지면서 중동의 아랍-이슬람세계는 국제사회에서 외교적 발언권을 강화하고 있다. 또한 이스라엘의 건국 후 중동에서의 종교적, 인종적 대립이 격화되면서 아랍-이슬람세계는 국제적 분쟁의 중심에 서게 되었다.

7세기 이래의 지중해세계 역사의 이해를 위해서나 오늘날 중동에서 전개되는 종교적·인종적·정치적 분쟁의 본질을 파악하기 위해서는 초기의 이슬람교와 이슬람제국에 대한 이해가 불가결할 것이다. 그런 의미에서 부족하고 소략하지만 본서가 초기 이슬람교와 이슬람제국 이해에 조금이나마 도움이 되었으면 한다.

무함마드와 이슬람교 창시

이슬람교의 회임과 산고

무지시대의 아라비아반도

630년 1월 11일. 무함마드Muhammad는 한 무리의 추종자들과 함께 알 카스와란 이름의 낙타를 타고 메카로 들어갔다. 그는 '카바'의 동쪽 모서리에 있던 흑석黑石에 경의를 표하고 카바를 왼쪽으로 일곱 바퀴 돈 다음, 주신 후바르상像을 포함하여 카바신전의 신상들을 제거하도록 명했다. 후바르의 거대한 신상이 지축을 울리며 쓰러질 때, 무함마드는 "진리(하리크)는 왔다. 거짓(바틸)은 소멸했다. 허위는 진실로 소멸할 것이다!"(『꾸란』 17:83)[1]라고 외쳤다고 한다.

무함마드 이전, 곧 '무지시대'의 아라비아반도 역사는 매우 모호하다. 전설이나 설화 혹은 시詩를 제외하고는 기록된 역사가 없다. 하지만 무지시대, 즉 6~7세기의 아라비아반도는 정치적으로 분열되어 있었을 뿐 아니라 사회적, 종교적으로 대립과 갈등이 깊고 주민들 사이에선 위기의식이 팽배했다.

적대적인 군소 부족들 사이에 유혈분쟁이 끊이지 않았다. 거기다 지배층과 피지배층의 대립으로 인해 정치적 통일을 기대할 수 없었다. 무함마드가 속한 꾸라이쉬 부족은 그중에서 세력이 비교적 컸다.

무지시대의 아라비아반도는 문화적으로도 주변적 지위를 벗어나지 못한 상태에 있었다. 그때의 아랍인들은 대개 두 부류의 사람들, 곧 유목민과 정착민으로 나뉘었다. 특히 유목과 오아시스농업을 하던 베두인족의 대부분은 문화적 후진성과 함께 도덕성이 현저히 상실된 세계에서 살았다. 심지어 여인들이 아이들을 버려 굶거나 병들어 죽게 하는 경우도 드물지 않았다고 한다. 반면 북부의 팔레스타인과 메소포타미아의 접경지대, 그리고 홍해 연안의 인구밀집지역 등에는 베두인족에 비해서는 문명의 혜택을 더 누리던 아랍인들이 거주했다. 한편 비잔틴제국과 사산조 페르시아 사이의 오랜 전쟁으로 페르시아-메소포타미아-시리아를 잇는 교역로가 막히게 되면서 홍해 연안의 대상로를 통한 동서무역이 활발해졌고, 따라서 그 지역의 대상무역 도시들은 상당히 번창하였다.

황량한 민둥산에 둘러싸여 있었지만 교통요충지였던 메카

는 대상무역 도시들 가운데 가장 번창하는 교역중심지로 발전했다. 하지만 7세기에 접어들면서 아라비아의 정치적 분열과 사상적 혼란은 절정에 달했고, 메카는 그 모든 양상의 축소판과 같았다.

무지시대의 아라비아반도는 이처럼 정치적으로 분열되었으며 종교적으로도 우상숭배적 단계를 벗어나지 못했다. 당시의 아랍인은 유목민과 정착민 가릴 것 없이 다신교 숭배자거나 유대교도 혹은 기독교도였다. 꾸라이쉬 부족도 물론 우상숭배적 다신교도였다. 아랍인의 다수는 돌이나 나무 같은 물신物神을 숭앙했는데, 아랍세계의 중심지로 성장하던 메카에는 그런 신을 위한 신전들이 있어 순례자들이 모여들었다.

한편 아랍인들은 특정 신에게 최고의 신격을 부여했다. 일부 신들은 여성으로 묘사되기도 했다. 『꾸란』의 '별의 장'에 나오는 라트Lat, 우짜Uzza, 마나트Manat 등은 격이 높은 신들이었다(53:19-22). 무지시대의 아랍인들도 부활을 어느 정도 의식하고 있었지만 그것을 확신하는 수준에는 이르지 못한 것 같다. 무덤 앞에 암 낙타를 묶어두어 죽게 하는 관습이 있었다고 하는데, 이는 아마도 죽은 자에게도 사막의 필수품인 낙타가 필요하다고 생각한 데서 비롯된 관습일 것이다. 이러한 사실로 미루어 보아 그들의 부활관념을 어느 정도 짐작할 수 있다.

카바신앙

한편 메카의 카바신전에는 운석隕石으로 추정되는 직육면

체의 자그마한 '카바kaaba'가 안치되어 있었다. 무지시대에도 아랍인들은 카바신전을 순례하는 것을 매우 바람직한 일로 여겼다고 한다. 전설에 의하면 메카에 처음 살았던 사람 아담이 카바신전을 세웠고, 그 뒤 아브라함이 그의 아내 하갈―『구약성서』의 경우 한동안 아이를 낳지 못한 아내 사라의 권고로 아브라함이 맞아들인 이집트 출신 하녀이다― 과 같이 그곳에 살았으며, 두 사람 사이에서 태어난 이스마일이 카바신전을 크게 일으켰다고 한다. 그리고 그 운석은 아담이 천국에서 가져온 것으로 신과 인간의 관계를 상징해 주는 것이라고 한다. 또 다른 이야기에 의하면 그것은 아브라함이 카바신전을 재건할 때 천사 지브랄로부터 받은 것이라고도 한다.

이슬람교는 후술하듯이 유대·기독교와 공유하는 부분이 많지만, 이슬람교 이전의 카바신앙도 유대·기독교와 얽혀있어 이슬람교와 유대교·기독교 사이의 복잡한 관계, 그리고 팔레스타인지역의 복잡한 민족관계를 예시해 주는 것 같다. 여하간에 메카는 무함마드가 이슬람교를 창시하기 이전부터 아랍세계의 중심지 내지 성지였고, 순례자들이 메카의 카바신전으로 모여들었다. 그러나 그 즈음 유대교와 기독교의 영향으로 아랍사회에서도 우상숭배 같은 낡은 신앙에서 탈피하려는 일종의 신앙개혁운동이 일어나고 있었다. 이슬람은 그 모두를 이슬람교의 회임懷妊과 산고産苦로 이해한다.

카바신앙은 물론 다신교적 신앙이었다. 무함마드가 태어날 무렵 카바신전에는 후바르신을 비롯해 다수의 신상이 있었는데, 후일 유일하고 절대적인 신으로 숭앙된 알라Allah도 그 중의 하나였다. 유일신 알라를 절대적으로 신봉하는 무슬림들이 다신교적 신앙의 대상물인 카바를 지금도 신성시하고 카바신전을 최고의 성지로 삼는 것은 무엇 때문일까? 무함마드가 아랍인들이 숭앙해 온 카바를 수용함으로써 자신의 종교에 대한 아랍인들의 저항을 완화하려 했던 것이 아니었을까? 즉 무함마드가 전통적 카바신앙과 타협했다는 것이다. 『꾸란』에 "알라께서는 성스러운 카바신전을 사람들의 근거지로 정하시고……"(5:97)라는 구절이 나온다. 2대 칼리프 우마르Umar는 "만약 예언자(무함마드)가 당신(카바)에게 입을 맞추지 않았다면 나도 입맞추지 않으리"라고 말해 카바가 하나의 돌덩이임을 인정했다고 한다.

무함마드의 이슬람교 창시

이슬람교 창시

무함마드의 출생이나 성장과정과 관련해서 알려진 것이 많지 않다. 그에 관한 이야기, 특히 40세 이전의 행적에 관한 이야기는 그의 사후에 기록된 것이어서 자세하지 않을 뿐만 아니라 사실 여부 또한 불명확하다. 이슬람교가 600년대 초에 창시되었음에도 불구하고 창시자 무함마드의 어린 시절이 베일에 가려 있는 것은 당시의 아라비아반도가 '무지시대'로 묘사될 만큼 후진적인 사회였기 때문일 것이다.

570년경에 메카의 한 가난한 집에서 태어난 무함마드는 6세에 어머니를 잃고 조부의 보살핌을 받다 8세 때 조부마저 죽어 백부의 보호 아래서 자랐다고 한다. 그는 어느 정도 성장한 다음에는 하디자Khadija란 부유한 미망인에게 고용되어 낙타몰이꾼으로 대상(隊商, caravan)에 참가하여 시리아 지방을 자주 왕래했다. 그때 유대·기독교를 비롯하여 새로운 세계를 경험할 수 있었던 무함마드는 자신의 사명 – 천국의 진리를 전파하는 일 – 을 자각했을까? 더욱이 그는 문맹이었다고 한다. 일설에는 그가 아라비아어는 읽을 수 있었다고 하지만 후술하듯이 알라가 천사 지브랄을 통해 문맹인 무함마드에게 천국의 진리를 계시했다고 하지 않는가? 혹 그가 아라비아어를 읽을 수 있었다고 해도 당시에 아라비아어로 쓰인 종교서적은 없었다.

대상으로 성공한 무함마드는 25세 때 40세의 하디자와 결혼했고, 그 후 메카 부근의 한 동굴(히라)에 들어가 명상하고 수도했다. 그는 단식과 명상에 많은 시간을 보냈다. 결혼 후 15여 년이 지난 40세에 "알라의 뜻에 따르라"[2]라는 계시를 받았고, 그때부터 그는 사람들에게 '이슬람islām'을 외치며 알라의 진리를 설파하기 시작했다. '이슬람'은 아라비아어로 '복종'을 의미하며 '무슬림Muslim'은 '복종하는 사람'을 의미한다. 이슬람이란 결국 유일신 알라에 절대적으로 순종함으로써 육체와 정신의 진정한 평화를 얻게 된다는 것을 의미한다. 이슬람교에 따르면 무함마드는 꿈에 지브랄(가브리엘: 기독교의 수태고

지 천사의 인도를 받아 천마天馬를 타고 예루살렘의 한 바위에 도착해 기도한 후 그의 인도로 빛 사다리를 타고 하늘에 올라 알라로부터 진리를 계시 받고 빛 사다리를 타고 그 바위로 내려온 다음 천마를 타고 메카로 돌아왔다. 무함마드는 유일신 알라가 자신에게 천국의 진리를 계시하고 자신을 사자, 즉 '라술라하(rasul Allāh, 알라가 보낸 사람)'로 삼았음을 확신했다.

히즈라와 메카 귀환

이슬람교의 기본교리는 『꾸란』에 들어 있다. 무슬림들은 『꾸란』이 태초에 있었던 알라의 가르침이되, 알라가 무함마드를 중재자로 전해준 것을 지브랄이 알라의 명을 받아 한 자 한 획 빠짐없이 기록해 인류에게 전해 주었다고 믿는다. 책 혹은 낭송을 의미하는 『꾸란』이 전부 결집된 것은 3대 칼리파 오트만Othmān 때였다. 『꾸란』은 난해하기 때문에 여러 세기에 걸쳐 많은 주석서들이 등장했다. 하지만 『꾸란』의 모든 어구는 절대 신성한 것이어서 다른 언어로의 번역은 용납되지 않는다. 『꾸란』은 이와 같은 절대성과 이슬람제국의 정교일치체제로 인해 무슬림의 신앙생활만이 아니라 생활 전체를 규제하게 되었다.

알라의 계시를 받은 뒤 예언자 무함마드는 메카에서 천국의 진리를 전하기 시작했다. 당연하지만 그도 처음에는 적지 않은 저항에 부딪혔다. 새 종교의 교리가 토착신앙이나 기존 질서의 저항을 받지 않고 순탄하게 수용되는 일은 역사적으로

흔치 않다.

무함마드는 사람들의 우상숭배적 신앙을 공격했고, 메카의 유력자들은 곧바로 그를 박해했다. 이에 그의 백부도 그의 곁을 떠났고 40여 명에 불과하던 신자들마저 에티오피아로 떠나버렸다. 그는 마법사·점쟁이·신들린 사람으로 경멸받기도 했다. 하지만 그의 명성은 메카에서 멀리 떨어진 야트립(메디나)에까지 알려졌다. 야트립에서 온 일단의 순례자들은 알라에 귀의한 후 그에게 야트립의 파당적 정쟁을 조정해 주길 간청했다. 그는 그들의 청을 받아들여 622년에 메디나로 옮겼다.

무함마드는 야트립에서 포교에 성공한 다음 '메디나헌장'을 반포하고 신정적 이슬람공동체 '움마ummah'를 건설했다. 새 신앙의 중심지가 되어 번창한 야트립은 이후 메디나(즉 성시 聖市)로 불렸고, 그가 메디나로 옮겨온 622년은 성천(聖遷, hijra)을 기념하려는 이슬람교도들에 의해 이슬람력 원년(Anno Hijra)이 되었다.

하지만 무함마드의 메카 귀환은 쉽지 않았다. 그는 꿈에 받은 계시에 따라 628년에 1400여 명의 추종자와 함께 메카로 향했으나 메카사람들은 그의 메카입성을 허락하지 않았다. 물론 양측은 수차례 충돌하게 되었다. 하지만 점차 커져가던 메디나의 이슬람공동체를 종교적으로는 물론 정치적으로도 인정하지 않을 수 없었기 때문에 메카 측은 메카 부근 알 후다이비야에 대표단을 보내 무함마드 측과 협상하게 했다. 양측은 결국 무함마드의 메카 복귀를 허용하는 내용을 담은 '후다이비야 조약'을 체결했다. 무함마드는, 10년간 휴전하되 그해에는 메카에 입성하지 않고 그들이 메카에 3일 동안 머무는 것을 허용받는 다음 해부터 메카에서 의식을 베풀 수 있다는 사항 등을 담은 후다이비야 조약을 받아들였다.

유의할 것은 메카를 손에 넣는 등 성공적 포교에도 불구하고 무함마드는 자신을 신격화하려는 추종자들의 시도를 용납하지 않았다는 점이다. "나는 너희와 같은 인간이다"라는 구절이 『꾸란』 18장 110절에 나온다. 무함마드는 예수의 신성神性은 물론 자신의 신성도 주장하지 않았다. 『꾸란』은 그 밖에도 여기저기에서 "무함마드는 단지 사도에 지나지 않는다" "나는 너희에게 보내진 성실한 사도다" "무함마드는 알라의 사도요 최후의 예언자이다"라고 가르친다(3:144, 26:106, 125, 143, 162, 178, 33:40 등). 그는 알라의 예언자로 자처했을 뿐이지 신이 되려고 하지는 않았다. 반면 그는 알라의 최후최대의 예언자인 자신만이 알라의 계시를 완전무결한 형태로 전할 수 있다고 주장했다. "알라 이외의 신은 없다. 무함마드는 그의 예언자이다(lā illaha ilā Allāh Muhammad rasul Allāh)." 그러므로 무슬림들은 무함마드를 '예언자'로 부른다.

_무함마드의 여인들

무함마드의 사생활을 살펴보는 것도 무의미하지 않을 듯하다. 헌신적 아내로서 무함마드로 하여금 입신할 수 있게 해준 최대의 후원자요 최초의 신도였던 하디자는 '헤지라' 이전인

619년에 죽었다. 하디자가 생존해 있는 동안 그는 다른 여인을 취하지 않았다. 그들은 여러 명의 자녀를 낳았으나 딸 파티마Fatima만 장성해 알리(Ali, 4대 칼리파)와 결혼했다.

하디자 사후 무함마드는 외가 쪽 숙모 사우다라는 과부와 결혼했고, 이어 당시 겨우 6세이던 아이샤('A'isha)에 청혼하여 3년 후에 결혼했다. 그의 평생친구였으며 비혈족 출신 최초의 무슬림이었던 아이샤의 아버지 아부 바크르Abu Bakr—무함마드 사후 초대 칼리파가 되었다—는 무함마드의 청혼을 받자 아이샤가 이미 약혼한 처지임에도 불구하고 청혼에 응했다. 연로한 무함마드와 어린 아이샤는 3년 후에 결혼하여 그가 죽을 때까지 10여 년간 헤어지지 않았다. 당시 아랍사회에서는 10세 전후의 소녀가 결혼하는 경우가 드물지는 않았다고 하지만 9세의 그녀는 밖에서 동무들과 놀고 있던 중 어머니의 손에 이끌려 혼례장으로 들어갔다고 한다.

무함마드에게는 여러 명의 아내가 있었지만 아이샤의 품안에서 마지막 숨을 거두었다. 18세에 미망인이 된 아이샤는 그녀의 아버지 아부 바크르와 우마르가 칼리파로 통치한 시기에 활발하게 활동했다. A.H. 58년에 타계한 그녀는 시아파 무슬림을 제외한 모든 무슬림으로부터 '신앙의 어머니'로 존경받아왔다.

무함마드는 625년(A.H. 4)에 하프사를 다시 아내로 맞이했는데, 그녀 역시 무함마드를 도운 유력한 인물로 2대 칼리파가 되는 우마르의 딸이었다. 그는 그 뒤로도 여러 명의 아내를 얻

있는데, 그 중에는 유대교도 라이하나도 있었다. 비잔틴제국의 이집트 총독이 바친 금발의 노예처녀 마리아는 정식 아내는 아니었지만 기독교도였다. 627년부터 629년 사이에는 10명의 아내가 그의 곁에 있었다. 그가 마지막으로 취한 아내는 59살에 얻은 26살의 아름다운 마이무나였다. 그처럼 많은 여자가 그의 곁에 있었으므로 그들과 그들의 추종자들 사이에 시기와 모함, 나아가서는 세력다툼이 일어나는 것은 피할 수 없는 일이었다.

이슬람교의 5대 기둥과 『꾸란』

이슬람교의 5대 기둥과 여타의 금기

5대 기둥

무슬림들은 알라와 직접 교통하기 때문에 성직자의 도움을 받거나 의지할 필요가 없다고 한다. 따라서 이슬람교에는 가톨릭과는 달리 성직자가 따로 없다. 종교적 지도자인 이맘Imam·무프티Mufti·울라마Ulamā 등이 있는데, 무프티는 최고의 이슬람 법률가이고 울라마는 이슬람교 신학 혹은 율법에 뛰어난 학자들이다. 요르단의 경우 이맘은 여타의 세속적 직업을 가질 수 없다.

무슬림은 5가지의 준수사항, 이른바 '이슬람의 기둥'을 이

행해야 하는데, 그것은 신앙의 증언·예배·구제·금식·순례이다. 이슬람교의 한 교파(카와리즈파)는 5개의 기둥에 성전聖戰을 추가해 6개 기둥을 지키도록 한다.

_신앙고백(shahādah)

무슬림은 언제 어디서든 "알라 외에 다른 신은 없으며 무함마드는 알라의 예언자다"라는 신앙고백을 해야 한다. 그것은 매우 짧은 신조(creed)이되 무슬림들로 하여금 알라를 유일의 신으로 믿어 절대적으로 귀의하고 복종케 하는 데 조금도 부족함이 없었다. 무슬림은 기도할 때는 물론 항상 이 신조를 낭송한다. 싸움터의 무슬림들은 그 신조를 낭송함으로써 승리를 위해, 곧 알라를 위해 죽을 각오가 되어 있음을 과시한다. 장례식에서는 애도의 표시로, 아기가 태어나는 산실에서는 축복의 의미로 그것을 낭송한다.

『꾸란』에서 신앙고백을 가르치는 부분을 찾아내는 일은 그리 어렵지 않다. "나는 알라이고 나 이외에는 어떤 신도 없다."(20:14) "알라 외에는 어떤 신도 없다."(23:32) "말하라, '이분이야말로 알라이시며 유일한 자, 알라이시자 영원한 자, 낳지 않고 태어나지 않고, 오직 한 분으로 견줄 자 없다.'"(112:1-4) 『꾸란』은 되풀이하여 신앙고백을 가르치고, 무슬림들은 언제나 즐겨 신앙을 고백한다. "알라 외에 다른 신은 없으며 무함마드는 알라의 예언자다(lā illaha ilā Allāh Muhammad rasul Allāh)."

기도(salāt)

무슬림은 매일 다섯 번씩 머리를 땅에 조아리며 기도한다. 그들에게 있어 기도는 행하지 않아도 그만인 권고나 선택 사항이 아니라 반드시 이행해야 하는 강제규정이다. 무슬림은 매일 정해진 시간, 즉 새벽·정오·해지기 두 시간 전·해진 직후·해진 다음 두 시간 뒤에 알라에 기도한다. 그들은 손발과 얼굴을 씻고 신발을 벗은 다음 꿇어앉아 메카의 카바신전을 향해 기도한다.

그러므로 이슬람교의 마스지드(모스크) 입구에는 우물이나 상수도시설이 있다. 그들은 가까이 모스크가 없을 경우에도 기도시간이 되면 자신이 있는 그 자리에서 메카를 향해 기도한다. 모스크 이외에서의 기도에 대비하여 대개 물을 준비하지만 그렇지 못할 경우 모래나 흙으로 손발과 얼굴을 씻는 흉내를 낸다. 임무를 수행 중이거나 여행 중일지라도 그들은 하루 다섯 차례의 기도만큼은 빠뜨리지 않는다.

무슬림이 가장 중시하는 예배는 금요일 정오의 예배이다. 특히 금요일에는 모스크에서 설교가 행해진다. 금요설교는 하루의 마지막 기도인 일몰 후 두 시간 뒤에 행하는 기도에 포함되는데 대개 규모가 큰 중앙사원에서 행해진다. 전술했듯이 이슬람교에는 성직자가 없기 때문에 금요기도에서 행해지는 설교도 특정한 성직자에 의해서 행해지는 것은 아니다.

카바신전과 순례자들(메카)

_순례(hajj)

순례 또한 무슬림의 의무이자 축복 받는 일이다. 이슬람세계 곳곳에서 매년 수백만의 무슬림이 순례를 위해 메카의 카바신전— 밑변 약 12×10m, 높이 15m의 회색 석조신전—으로 모여들기 때문에 때로는 화재나 여타의 사고로 수백 명이 떼죽음을 당하는 경우도 있지만 그들은 순례 중에 죽는 것을 오히려 구원받은 것으로 여긴다.

『꾸란』에는 "알라를 위해 순례와 소순례의 의무를 다하라……. 그러나 병자 또는 머리에 질환이 있는 자는 그 대신 단식을 한다든가, 희사를 한다든가, 공양을 한다든가 하면 된다"(2:196)고 가르친다. 무함마드는 먼 곳일지라도 걷거나 낙타를 타고 순례에 나서라고 명한다. 그리고 2장에서는 "메카 순례의 달은 주지의 일. 그 기간에 순례의 의무를 다하려는 자는 성교性交, 부덕不德한 일, 싸움이 있어서는 안 된다"(197절)고 가르친다.

순례는 이슬람력[3] 12월 7일부터 10일 동안 행해지지만 자주 할수록 더 좋다. 순례자는 메카 부근에 이르면 목욕을 하고 이흐람ihram이라는 이음매가 없는 겉옷을 입어야 한다. 메카에 도착하면 카바신전에 있는 직육면체의 카바를 일곱 바퀴 돈 다음 그 옆의 조그마한 검은 돌(Hajar al-Aswad)에 입맞춘다. 다음에는 아스사파산으로 가서 "알라 외에 다른 신은 없으며 무함마드는 알라의 예언자이다"를 암송한다. 메카로 돌아와 다시 카바신전을 에워싼다. 끝으로 무함마드가 최후의 설교를 한 곳으로 알려진 아라파트산으로 행진한다. 그리고 돌아오는 길에 무즈달리파에서 밤을 지새우면서 소나 염소 등을 제물로 바치는 것으로 순례는 끝난다.[4]

　순례를 한 무슬림에게는 하지Hajji란 칭호가 주어진다. 즉, '무사 야디'라는 사람이 순례했을 경우 영어의 Mr., Mrs.처럼 이름에 '하지'를 붙여 '하지 무사 야디'로 호칭된다는 것이다. 또한 머리칼과 수염 모두 혹은 어느 하나를 적갈색으로 물들이는 것도 순례를 행한 무슬림의 특권이라 한다. 무슬림은 순례 중에도 물론 "알라는 위대하다. 알라 외에 다른 신은 없다"는 등의 『꾸란』 구절을 암송해야 한다. 그리고 10일간의 순례가 끝나면 다시 평상복을 입고 면도를 하거나 손톱을 깎을 수 있다. 앞서 지적했듯이 순례 중에 이따금 일어나는 참사로 인해 많은 무슬림들이 목숨을 잃기도 하지만, 순례는 전세계 무슬림들을 통합하고 이슬람세계의 정체성을 다지는 데 기여해 왔다.

_금식(sawm)

무슬림은 매년 일정 기간 금식禁食을 해야 하는데, 이 금식은 대개 이슬람력 9월(라마단) – '라마단(9월)'은 무함마드가 알라로부터 계시를 받은 달이라 하여 무슬림들은 신성한 달로 여긴다 – 에 행해지는 공식적 금식을 의미한다. 이슬람교의 금식은 일반적으로 기독교의 사순절의식을 본뜬 것으로 인식된다. 『꾸란』 2장은 "이것은 한정된 날수를 지켜야 한다. 단 당신들 중에 병자 또는 여행 중인 자는 딴 날에 같은 날수만큼 행해야 한다"(184절), 혹은 "라마단에 집에 있는 자는 금식해야 한다. 병자나 여행 중인 자는 다른 날을 잡아 행해야 한다. (중략) 당신들이 소정의 날수만큼 단식의 의무를 지키고 당신들을 인도할 알라를 찬미하면 그만이다"(185절)라고 가르친다.

10세(혹은 12세) 이상의 무슬림은 『꾸란』의 가르침에 따라 병자나 임산부 및 3일 이상 여행 중인 자만을 제외하고 누구나 30일간 금식을 행해야 한다. 병자, 임산부, 여행자는 다른 날을 잡아 그 기간만큼 따로 단식해야 한다. 단식기간 중에는 해 뜰 때부터 해질 때까지는 아무 것도 먹거나 마시지 않아야 한다. 물론 아내와의 잠자리도 피해야 하며 화를 내지 않아야 하며 담배를 피워서도 안 된다. 반면 그 외의 시간, 즉 금식 시간이 끝난 다음에는 원하는 대로 먹으며 또한 이슬람율법이 허용하는 행위를 할 수 있다.

무슬림은 예언자의 가르침에 근거하여 금식의 달인 라마단에는 천국의 문은 열리되 지옥문은 닫히며, 금식하는 자는 누구든지 과거의 죄 중에서 용서받을 수 있는 죄는 용서받는다고 믿는다. 서구문물에 대해 보다 개방적인 일부 이슬람국가에서는 오늘날 금식의 계율이 철저히 지켜지지 않는 경향도 있다. 그리고 금식시간이 끝난 저녁에는 대개 빈자貧者들을 위한 공공기관의 무료급식도 마련된다. 터키의 경우 빈자들은 무료급식이 충분히 제공되는 라마단기간에 오히려 덜 굶주린다고 한다.

한편 이슬람교는 신성한 달 라마단에는 싸우지 않도록 가르친다. 하지만 필요할 경우에는 라마단에도 싸울 수 있고 또 싸워야 한다. "신성월에 싸우는 것은 중죄이다. 그러나 알라의 길을 방해하고 알라 및 메카의 성전에 대하여 부정한 태도를 취하고, 그 곳에서 사람들을 내쫓는 것을 알라께서 보시면 더 큰 죄가 된다."(『꾸란』 88:217)

_구제(zakāt)

『꾸란』은 "예배를 잘 드리고 구제를 행하고 …… 머리를 숙여 기도하라"(2:43)고 가르친다. 그러므로 무슬림들은 특별한 경우-유대인 등 이교도·노예·정신이상자·빈자·재산만큼의 빚이 있는 자·미성년자 등-를 제외하고는 누구나 구제활동에 참여해야 한다. 『꾸란』은 여기저기에서 알라를 위해서는 물론 가난한 자들을 위해서 재산을 아끼지 말도록 가르친다. 희사하는 자에게 알라의 보답을 약속하는가 하면 더 나아가 "희사를 행하라"고 명하기도 한다. 무함마드는 『꾸란』 전편을 통해 예배를 지키고, 희사를 하고, 착한 일을 하라고 가르친다 (2:77, 196, 262, 274, 277, 4:77, 9:5, 22:41 등).

이슬람교는 구제금을 모으기 위해 수집자를 두었는데, 구제의 의무가 있는 무슬림은 누구나 연간 수입의 1/40을 내야 했다. 그리고 천수답의 경우 수확의 10%, 몽리답일 경우 수확의 5%, 현금과 귀금속을 1년간 소유할 경우 그것의 2.5%를 내어야 했다. 물론 원할 경우 개인적으로 구제할 수 있다. 구제금 수집자들은 대개 금요일에 수집활동을 했으며, 빈자들은 구제받기 위해 미리 거리에 나와 있기도 했다고 한다.

전술했듯이 오늘날 일부 이슬람국가의 경우 라마단 기간 중에는 특히 공공기관에 의한 빈민구제가 보다 활발하게 이루어진다. 그리하여 가난한 사람들은 금식시간이 끝나 음식을 먹어도 좋은 시간에 제공되는 구빈救貧음식으로 굶주린 배를 채울 수 있다.

말할 것도 없지만 이슬람교의 구제는 사회적 정의를 구현하는 한 방법이었다. 이슬람국가는 『꾸란』이 명백히 강조하고 있는 정치원리인 정의를 실현해야 한다. 가난한 자, 정신이상자, 여행자 등을 돕는 것이야말로 사회적 정의를 실현하는 한 방법이다. 일부다처제를 채택해 (전쟁)미망인과 고아를 돌보게 한 것도 같은 맥락에서 비롯한 관행이었다. 이슬람공동체 움마는 신분과 지위에 관계없이 공명정대하고 정의로운 행정을 약속한다.

구제는 오늘날 종교헌금 형태로 변하기도 했지만 중동지역

의 일부 아랍 나라들은 아직도 그것을 의무로 규정하고 있다고 한다.[5]

기타 금기와 일부다처제

무슬림은 그 밖에도 『꾸란』의 가르침에 따라 도박을 해서는 안 되며 돼지고기를 먹지 말아야 하고 술도 마시지 말아야 한다. 『꾸란』에 "술과 도박…… 이것들은 커다란 죄악도 되고 인간에게 이익도 된다. 그러나 죄악이 이익보다 더 크다"(2:219)는 구절이 나온다. 『꾸란』은 또한 "시체, 피, 돼지고기, 알라 이외의 이름으로 희생되어 타살된 것……은 너희에게 금지되어 있다"(5:3) "……시체, 흘린 피, 혹은 돼지고기, 이것은 부정不淨한 것이지만……"(6:145)라고 말한다.

이처럼 돼지고기는 부정한 것으로 기록되어 있지만 돼지고기와 술을 금한 것은 견디기 힘든 사막의 더위와도 관련이 있다고 한다. 바울이 로마인들에게 기독교를 전하면서 기독교도라고 해서 유대인의 돼지고기 금식을 꼭 지킬 필요는 없다고 말한 것과, 「레위기」에서 매·황새·박쥐같은 날짐승과 굽이 갈라진 짐승 중에 쪽발이 아닌 것이나 새김질 아니 하는 것을 부정한 음식으로 말한 것(11:11-23, 26)에서 알 수 있듯이 유대인들 또한 돼지고기를 먹지 않았다.

『꾸란』은 독신생활을 옳지 않은 것으로 규정한다. 따라서 이슬람사회에서도 결혼생활을 정상적인 생활로 보지만, 경제적 궁핍에 의한 독신은 예외적으로 인정한다. 물론 이슬람의 경우에도 신비주의자들은 결혼을 달갑지 않게 여겼다. 그들은 오히려 여자를 악으로 간주하고 흔히 독신생활을 했다. 대개는 일부다처제가 인정되었으나 예언자 자신 이외의 무슬림에게는 4명의 부인만 허용되었다. 전사자의 미망인과 그 아이들을 보호하고 양육하기 위한 방편에서 비롯했다고 하나 확실치는 않다.

『꾸란』에 "만일 너희들이 고아에게 공정하게 하지 못할 것 같이 생각되면 누군가 마음에 드는 두 명, 세 명, 네 명의 여자와 결혼하라"(4:3)는 구절이 있다.[6] 그리고 이슬람교 역시 부모에 대한 효행, 특히 어머니에 대한 효도를 강조했다. 그리고 무슬림들은 평등했으며[7] 예언자의 가르침을 따라 서로 형제로 여겼다. 무함마드는 임종하기 얼마 전인 632년 2월의 한 행사에서 "모든 무슬림은 형제입니다. 여기에 모인 당신들은 모두 동등합니다"라고 말했다.

『꾸란』과 하디스

꾸란(Qur'an)

앞서 지적한 대로 이슬람교에 따르면 알라가 무함마드에게 계시한 천국의 진리를 천사 지브랄이 알라의 명을 받아 한 자한 획도 빠짐없이 그대로 기록해 인류에게 전해 주었고, 그것은 책 혹은 낭송을 의미하는 『꾸란』에 기록되어 있다. 『꾸란』의 낱말과 어구語句 하나하나는 절대 신성한 것이므로 다른 언어로의 번역을 용납하지 않는다. 또한 매우 난해하기 때문에 여러 세기에 걸쳐 많은 주해서들이 등장했지만 순니파만이 주해서를 사용한다.

『꾸란』은 모두 114장 6200여 개의 절로 구성되어 있다. "참으로 자비로우시고 자애로우신 알라의 이름으로"로 시작되는 1장은 "온 세상의 주인이신 알라를 칭송할지어다. 참으로 자비로우시고 자애로우신 분. 심판일의 주재자. 당신을 우리가 믿고 당신한테 구원을 청하나니. 우리를 옳은 길로 인도하소서. 당신께서 은총을 내려주신 사람들의 길로. 노여움을 산 사람들이나 길 잃은 사람들이 간 그런 길이 아닌 곳으로"라는 7개의 짧은 구절로 이루어져 있다. 반면 2장은 286개의 절, 3장은 200개의 절, 4장은 176개의 절, 5장은 129개의 절로 구성되어 있다.

『꾸란』은 이처럼 끝 부분으로 갈수록 절의 수가 줄어들지만 81장부터 114장까지는 더욱 줄어든다. 그리고 110장부터 114장까지는 아주 짧은 3-6개의 절로 구성되어 있다. 예컨대 다른 모든 절과 같이 "자비로우시고 자애로우신 알라의 이름으로"로 시작되는 112장, 곧 '진수眞髓의 장'은 "말하라, '이 분이야말로 알라이시며 알라이시자 영원한 자 낳지 않고, 태어나지 않고 오직 한 분으로 견줄 자 없다'"로 끝난다. 가장 긴 장은 30여 쪽에 이르는가 하면 짧은 장은 3, 4행에 지나지 않는다. 짐작할 수 있지만 장의 배열 또한 1장을 제외하고는 대개 긴 장에서 짧은 장 순으로 배열되어 있을 뿐 다른 기준이나 원칙은 없다.

또한 각 장마다 독특한 이름이 있는데 장의 내용과 맞지 않는 경우가 많다. 예컨대 2장은 '암소의 장'인데 전체 286절 가운데 암소 이야기는 몇 개의 절에만 나온다. 그리고 '암소의 장'이란 명칭도 예언자가 알라의 명을 받아 살인자를 찾기 위해 암소 한 마리를 죽인 데서 비롯했다고 한다(2:67-71). 4장은 '여인의 장'이며, 12장은 '요셉의 장', 14장은 '아브라함의 장', 22장은 '순례의 장', 47장은 '무함마드의 장', 71장은 '노아의 장', 99장은 '지진의 장', 106장은 '꾸라이쉬 부족의 장', 마지막 장인 114장은 '인간의 장'이다.

『꾸란』은 '수집된 것들'도 의미하지만 아랍어 '읽다(qaraa'a)'의 파생어로 '읽기', 즉 독경을 뜻한다고 한다. 기독교도가 찬송가를 부르듯이 무슬림들은 『꾸란』을 운율에 맞추어 낭송한다. 무함마드가 받은 첫 번째 계시를 기록한 96장 1절과 3절도 "읽어라"로 시작된다. 29장에서도 "그대에게 계시된 꾸란을 읽고, 예배를 지켜라"(45절)고 명한다. 96장의 2절에서도 "읽어라. 창조주이신 주님의 이름으로"라고 가르친다.

물론 무슬림들은 『꾸란』을 매우 소중히 다룬다. 정결하지 않은 자는 『꾸란』을 만지지 않아야 하며, 허리 이하의 높이에 두지도 않는다. 『꾸란』은 "이것이야말로 지고의 꾸란인 것이다. 엄격하게 지켜진 천서天書에 기록되어 있는 것. 깨끗이 정화된 자 이외에는 손대는 것도 허락되지 않는 것"(56:77-79)이라고 가르친다.[8]

무슬림은 만물의 창조자 알라가 무함마드에게 『꾸란』을 계시했다고 믿는다. 그들에 따르면 『꾸란』은 태초에 있었던 알라의 말씀이되, 알라가 무함마드에게 내린 것을 지브랄이 알라의 명을 받아 한 자 한 획도 빠짐없이 그대로 기록해 인류에게 전해준 신의 말씀이라는 것이다. 14세기 이슬람의 대표적 사상가 이븐 할둔Ibn Khaldun 또한 무함마드가 다음과 같이 말한 것으로 서술하고 있다. "그리고 지브랄은 지나칠 정도로 나를 숨막히게 한 다음 나를 풀어주고 '읽어라'고 말했다. 나는 '읽을 수 없습니다'라고 대답했다."[9]

『꾸란』은 무함마드가 제자들에게 구두로 전한 것을 수집하여 기록한 것이다. 즉, 무함마드의 제자들은 그의 전언을 암기했고, 이후 양피지·가죽·종려나무 잎이나 껍질·돌·낙타의 몸·짐승의 뼈 등에 기록되거나 구전되어 내려오는 것을 주로 3대 칼리파 오트만 때에 수집해 기록했다는 것이다. 무함마드가 타계한 후 20년의 세월이 흐른 A.H. 31년의 일이었다.

순나(Sunnah)와 하디스(Hadith)

무슬림은 물론 『꾸란』과 무함마드의 가르침에 절대 복종해야 하지만 예언자의 일상생활과 습관에 관한 경외經外 기록인 순나와 예언자의 행동과 말 및 그가 허용한 행위들에 관한 경외 기록인 하디스도 일상생활에서 반드시 지켜야 했다. 순나는 무함마드와 그의 첫 4명의 후계자(아부 바크르, 우마르, 오트만, 알리) 시대부터 이미 구속력을 갖기 시작했다고 한다.

예언자 무함마드의 교우들이 전해주었다고 하는 하디스는 순나의 율법을 보다 구체화한 것이다. '뉴스'나 '이야기'를 의미하는 하디스는 전술했듯이 예언자의 언행 및 예언자가 허가하고 권장한 것들을 기록한 것이다. 순나보다 더 구체적이었으므로 하디스는 예언자 사후 이슬람공동체의 형성과 법률의 발전에 중요한 역할을 했다. 무함마드 사후 100여 년 동안 이슬람공동체의 틀이 되어온 하디스는 다시 100여 년을 지나면서 더 체계적으로 되고 이슬람공동체와의 관계도 더욱 확고해졌다.

하지만 하디스는 "나는 A로부터 들었는데, A는 B로부터 듣고, B는 C로부터, C는 D로부터 들었다"는 식으로 구전되어 온 것의 결집이기 때문에 세월과 더불어 상당히 늘어났다. 따라서 날조된 것도 포함되었기 때문에 순니파 무슬림들은 무함마드 사후 3세기에 그것을 분류하고 편집하여 6권으로 정리했다. 순니파 무슬림은 하디스를 '6권의 올바른 책'으로 부르기도 한다.[10] 반면 시아파는 4대 칼리파 알리와 그의 추종자들에 의해 구전되어온 하디스만을 인정한다. 그것은 여하간에 순나와 하디스의 내용은 알라의 말씀으로 인정되었으며 무슬림들에게 꾸란 다음의 권위를 행사한다.

이슬람교의 일신교리와 유대·기독교와의 관계

많은 것을 공유하는 이슬람교와 유대·기독교

무함마드는 이슬람교를 유대·기독교의 완성이며, 따라서

신성한 진리의 마지막 계시라고 주장했다. 그는 신이 이전에 아브라함과 모세 및 그리스도 등에게 나타났으나, 마지막으로 자신에게 나타났다고 믿었다. 무함마드는 예수를 과거의 예언자 중에서 가장 위대한 예언자로 이야기하되, 예수의 가르침을 자신의 가르침 아래에 두었다.

앞서 지적했지만 카바신앙에서도 아담과 아브라함 등이 무슬림의 먼 조상으로 등장했다. 두 종교는 원하든 원치 않든 일부 예언자와 성지를 공유했다. 유대교 및 유대교를 모체로 하는 기독교가 이미 유일신 교리를 편 지역에서, 보다 늦게 출현한 이슬람교가 여러 면에서 그 두 종교의 영향을 받은 것은 당연한 귀결이 아닐 수 없다. 사실 이슬람교가 유대·기독교에 영향 받은 것으로 여겨지는 부분을 찾아내는 것은 그리 어렵지 않다. 신이 세상만물을 창조했으며 특별한 시간과 장소에서 직접적이고도 결정적으로 인류역사에 개입하였다[1]는 이슬람교의 교의는 기독교의 그것과 크게 다르지 않다. 이슬람교는 일신론은 물론 신의 창조관념, 예언자의 역할, 최후의 심판, 천당과 지옥 이야기 등 많은 부분에서 유대교 및 기독교와 직접적으로 연결되어 있는 것으로 여겨진다.

이슬람교와 유대·기독교가 공유하는 핵심 교리는 일신교리이다. 유대교와 기독교가 여호와 외에는 어떤 신의 존재도 부정하듯이 이슬람교에서도 알라는 유일신이고 유일의 창조주이며 전능자다. 『꾸란』은 "온 세상의 주인이신 알라를 찬송할지어다"라고 시작하는 1장 1절, 혹은 "당신들의 신은 유일의 신, 그 외에 어떠한 신도 없다"고 가르치는 2장 163절에서와 같이 알라가 유일신임을 가르치고 강조한다. 그 밖에도 『꾸란』의 여러 곳에서 알라가 유일신임을 되풀이해서 강조한다(11:2, 16:2, 20:14 등). 무슬림은 언제나 "알라 외에 다른 신은 없으며 무함마드는 알라의 사자이다"라고 증언해야 한다. 이슬람교에 따르면 하늘과 땅에 있는 모든 것은 알라의 것이며 알라는 지고하고 지대하며 유일한 창조주이다.

이처럼 일신론을 공유하기 때문에 양종교의 교도들은 여호와 혹은 알라의 유일성을 다투어 확인하고 자기 교리의 절대적 진리를 과시하지 않을 수 없고, 따라서 상대방 교의의 진리에 도전하게 되었다고 해도 좋을 것이다. 이슬람교가 역사적으로 기독교의 3위1체 교리는 3신의 존재를 의미하므로 유일신 체제가 아니라고 비난한 것도 그와 무관하지 않을 것이다.

물론 양종교가 일신론만을 공유하는 것은 아니다. 『꾸란』은 천지창조에 대해 다음과 같이 가르친다. "그대들의 주는 하늘과 땅을 6일간에 만드시고 옥좌에 오르시어 만사를 다스리시는 신이시다."(10:2) 11장 7절에도 "알라께서는 하늘과 땅을 6일간에 만드신 분이시고"라는 구절이 나온다. 알라의 천지창조에 관한 이야기는 41장에도 나온다. 41장 9-10절에서는 천지창조의 순서를 약간 세분하여 이야기한다. 즉, "말하라. '너희들은 이틀 동안에 대지를 창조하신 알라께 등을 돌리고, 이 분에 대한 대등한 자를 나란히 숭배하느냐"고 말한 다음 "대지 위에 부동不動의 산을 놓으시고 축복을 받으셨으며,

4일 동안 구하고자 하는 자에 응하시어 대지의 양식을 마련하도록 하셨다"고 말한다.

아담과 이브가 낙원에서 추방당하는 이야기를 『꾸란』의 여기저기에서 발견할 수 있다. 2장 35-37절도 그 중의 한 부분이다. 곧 알라는 아담에게 처와 더불어 낙원에 살며 마음대로 먹되 특정한 한 나무에만은 결코 가까이 하지 말라고 가르쳤는데, 그가 그것을 이행하지 않고 불의를 범했다는 것이다. "그러나 악마는 둘을 유혹하여 이 금단을 깨뜨리고 그들이 있던 곳으로부터 추방하였다."(36절)

7장 19-22절에서도 2장 35절과 동일한 이야기가 나온다. "그런데 사탄은 두 사람에게 속삭이며 감추어져 있던 그들의 가린 곳을 벗기려 했다"(19절)고 말한 다음, 다시 "이렇게 그는 두 사람을 간사스런 꾀로 혼란에 빠지게 하였다. 두 사람이 그 나무열매를 맛보았을 때, 그 가린 곳이 보였기 때문에 낙원의 나뭇잎으로 가리기 시작했다. 주께서 그들을 부르셨다. '나는 너희들에게 저 나무를 금하고 사탄은 너희들의 공공연한 적이다'라고 말하지 않았는가"(22절)라고 말한다. 우리는 비슷한 이야기를 20장에서도 읽을 수 있다(117-129절).

이스라엘인들이 모세의 인도로 이집트를 탈출하는 것에 관한 『꾸란』의 이야기도 이슬람교와 유대·기독교의 관계를 짐작할 수 있게 한다. 모세에 관한 이야기는 『꾸란』에 자주 등장하지만 주로 알라의 은혜로 이루어지는 출애굽에 관한 것이다. 7장 127-128절도 그 중의 하나다. "파라오 백성의 족장들은 말했다. '폐하는 모세와 그 백성이 이 나라에 해를 입히고 폐하와 폐하가 모시는 신들이 없는 것 같이 보는 것을 그대로 방치하시겠습니까?' 그래서 그는 말했다. '그들의 아들들을 모두 죽이고 딸들을 살려 주겠다. 우리들은 반드시 그들에게 이긴다.'"(127절) 이에 대해 모세는 그 백성들에게 "알라께 도움을 구하고 참고 견디어라. 땅은 알라의 것. 알라께서는 종들 중에서 마음에 드시는 자에게 이것을 주어 계승시키신다"고 말했다고 한다(128절). 그리고 홍해가 갈라지는 이적에 관한 이야기와 함께 이집트를 탈출하는 것에 관한 이야기를 『꾸란』의 이곳저곳에서 발견할 수 있다(7:160, 10:93, 20:43-52, 26:29-49, 51:31, 79:15,18 등).

이슬람교의 『꾸란』과 무함마드의 가르침에는 기독교의 『구약성서』와 『신약성서』의 인물들이 다수 등장한다. 무함마드는 인간은 모두 아담으로부터 시작되었고 아담은 진흙으로 만들어졌다고 가르쳤으며 『꾸란』은 아브라함, 이삭, 야곱이 올바르고 의로운 자로 탄생했음을 강조했다(3:33, 89, 6:84-87, 15:26-33, 17:61, 29:27, 55:10, 56:26 등). 『꾸란』에는 아담을 비롯해 아브라함, 다윗, 이삭, 야곱, 욥, 모세, 세례요한, 예수, 성모 마리아 등이 자주 등장한다. 뿐만 아니라 유대교와 기독교의 선지자나 중요한 인물들이 이슬람교의 선지자들로 등장한다. 물론 그들은 모두 알라의 은총을 받은 알라의 사도요 선지자였지만 말이다.

이슬람교에서는 예수도 알라의 한 사도일 뿐이다. 『꾸란』

에 "우리는 많은 사도의 뒤를 이어 또 사도를 파견하고, 마리아의 아들 예수를 보내기에 이르렀다"(57:27)는 구절이 나온다. 마리아의 아들 예수는 그처럼 고귀한 분이며 알라 가까이 있는 자로 묘사된다. "알라의 눈으로 보면 예수는 아담의 경우와 같다."(3:59) 3장 84절에서도 예수는 모세와 같은 예언자로 묘사되고 있다. 그런가 하면 마리아는 알라의 은총을 받아 예수를 잉태하고 순산했으며(19:19-21), 예수 또한 알라의 은총을 받아 장님과 문둥병자를 고쳤다(5:110).

흥미로운 것은 『꾸란』에서도 예수를 메시아로 서술하고 있다는 점이다. 어디까지나 알라의 사도로서의 구세주일 뿐이지만 말이다. "그 이름은 메시아, 마리아의 자식 예수, 그분은 현세에 있어서나 내세에 있어서 고귀한 분이시며 알라 가까이 계신다."(3:45) 반면 "구세주라고 하는 예수는 단지 알라의 사도일 뿐이다"(4:171)라는 구절도 있다. 4장 172절에서도 같은 이야기를 한다. "가령 구세주라 할지라도 알라의 종이 되는 것을 싫다고는 말하지 않을 것이다." 반면 5장 72절에서는 좀 다르게 이야기한다. 즉, "'신은 즉 마리아의 아들 구세주이시다'고 말하는 자는 이미 믿지 않는 자이다"는 것이다.

예언자 무함마드에 따르면 이슬람교에는 많은 선지자와 사도가 있다. 선지자는 12만4000명이고 사도는 315명이다. 그들 중 9명은 우루 알 아잠Ulu al'Azam으로 다른 선지자나 사도와 달리 능력을 계속하여 발휘한다. 노아·아브라함·다윗·야곱·요셉·욥·모세·예수·무함마드가 그들이다. 그리고 그들 중 6

명에게는 다시 특별한 명칭이 부여되었는데, 예컨대 예수에게 '루알라'(성령)라는 명칭을 주었다. 그리고 신의 계시를 받아 자식을 낳은 이삭의 어머니 사라·모세 어머니(레위 여자)·예수의 어머니 마리아를 여성 선지자로 불렀다.[12]

신구약 성경과 『꾸란』

『꾸란』 또한 기독교의 『성경』과 긍정적이든 부정적이든 적지 않은 관련성을 갖는다. 이슬람교에 따르면 알라가 인간에게 준 거룩한 책은 모두 104권인데, 그것에는 『꾸란』과 함께 기독교의 『성경』도 포함되어 있다. 그리고 알라는 그 104권 중에서 아담에게 10권, 아브라함에게 10권, 모세에게 5권, 다윗에게 「시편」, 예수에게 「복음서」, 무함마드에게 『꾸란』을 주었다고 한다. 무함마드는 아담과 아브라함이 받은 책은 다 분실되었으나 그 내용 중 무슬림이 알아야 할 것들은 『꾸란』에 들어있다고 주장했다. 무함마드는 『꾸란』에서 "알라가 그대에게 경전을 내리고, 그가 그것을 모든 사람에게 읽어주는 것으로 모자라는가"(29:51)라고 말한다.

또한 이슬람교는 알라의 거룩한 책들을 유대·기독교도가 변조시켰다고 비난해 왔다. 『구약성서』와 『신약성서』는 변조되었기 때문에 진리와 함께 오류도 섞여 있으므로 무슬림들은 『꾸란』과 기독교의 성서가 상충할 경우 『꾸란』의 내용을 따라야 한다고 주장한다. 곧 『꾸란』이야말로 그 이전의 가르침

꾸란

의 효력을 상실시킴으로써 원래 뜻을 바로잡은 마지막 계시라는 것이다. 그들은 『꾸란』에 나오는 "그리고 그 책 이전에 책에 계시된 것을 충족시켜 그 책의 수호자로서 진리가 담겨진 책을 내가 너희에게 계시하였느니라"는 구절을 제시한다. 요컨대 이슬람교에 의하면 『꾸란』은 그 이전의 경전들인 신·구약성서의 완성이 되는 것이다.13)

하지만 이슬람교의 내세관은 유대·기독교의 것과는 조금 다르다. 대체로 영체부활을 가르치는 기독교와는 달리 이슬람교에서는 내세를 육신으로 살게 된다고 가르친다. 즉, 사후에 육신으로 재생하여 천국에서 영생을 누린다는 것이다. 무함마드는 만인은 신 앞에서 평등하며 신과 예언자, 특히 무함마드 자신의 가르침대로 행하면 사후에 육신으로 재생한다고 가르쳤다.

이슬람교에 따르면 낙원의 행복은 육체적인 것이고 지옥의 형벌 또한 육체적 고문이다. 영혼과 육체 모두가 부활하는 이슬람교의 부활에서는 몸이 일어나서 영혼과 결합한다. 몸의 뼈 중에서 엉치등뼈(薦骨)가 최후의 날까지 썩지 않고 보존되고, 부활의 날에 신체의 나머지 부분들이 그 엉치등뼈에서 자라난다. 지옥은 7개 등급으로 나뉘는데, 이슬람교리에 따르면 무슬림은 모두 일단 지옥으로 간다고 한다. 『꾸란』에는 "너희 중 누구도 거기에 가지 않을 자는 없다"는 구절이 나온다.14)

이슬람교의 분열과 신정체제

이슬람교의 종파

이슬람교 또한 교세가 성장하면서 분열했다. 기독교와 유사하게 이슬람교의 분열에도 종교적인 문제는 물론 비종교적 문제도 작용했다. 앞으로 상세히 언급하겠지만 후계자(칼리파)의 자리를 차지하기 위한 싸움은 무함마드 사후 얼마 안 되어 일어났고 그것은 종교상의 문제와 함께 이슬람교를 분열시켰다.

무함마드 사후에 벌어진 이슬람교 지도자들 사이의 대립은 결국 그의 사위 알리의 지지세력과 반대세력으로 분열했고, 4대 칼리파 알리 또한 적대세력에게 살해되었다. 그리고 알리가 살해된 때를 전후하여 무슬림들은 무함마드의 혈통이 아닌 칼리파와 『꾸란』의 주석서를 인정하는 순니파(Sunni: 전승주의자)와, 혈통주의를 주장하고 『꾸란』을 위한 어떤 주석도 허용하지 않는 시아파(Shi'ite: 종파주의자)로 분열했다.

오늘날 사우디아라비아, 이집트, 이라크, 터키, 인도네시아 등에 거주하는 순니파 무슬림은 전체 무슬림의 90% 정도를 점유한다. 반면 전체 무슬림의 10% 정도인 시아파는 17세기 이후 주로 이란에 거주하고 있고 나머지 일부가 이라크, 예멘, 파키스탄, 북아프리카 등지에 거주한다. 토인비는 순니파와 시아파로 구분하지 않고 아랍 이슬람교와 이란 이슬람교로 구분했지만,[15] 시아파 무슬림은 흔히 이란 무슬림으로 불리기도 한다.

시아파 무슬림은 순니파 무슬림에 비해 상대적으로 이슬람교의 정통성과 순수성 문제에 더욱 민감하며, 따라서 보다 과격한 성향을 보이기도 한다. 이슬람교 세속화의 한 원인을 서구문화 수용에서 찾는 그들 시아파 무슬림은 순니파에 비해 서구세계와 서구문화에 대체로 배타적 태도를 취한다.16)

시아파—'시아(shi'ite)'는 동료와 추종자를 의미한다—는 알리와 그 후손만이 무함마드의 후계자(칼리파)가 될 수 있다고 주장한다—순니파는 칼리파의 선출제를 주장하지만 역시 무함마드의 부족인 꾸라이쉬 출신으로 제한한다. 시아파는 무함마드가 "너희의 가장 훌륭한 심판자는 알리이다"라고 말했음을 강조한다. 그들은 알리와 그 후손인 12명의 이맘Imām, 곧 칼리파를 숭앙하는데 그것의 근거는 『꾸란』 2장 123절이라고 한다.17)

시아파는 칼리파를 이맘이라 칭하는데, 그들에 있어서 이맘은 정치지도자라는 의미보다 종교적 수장 혹은 예배인도자라는 의미가 먼저다. 이맘이란 칭호는 알리를 이맘으로 부른 것에서 비롯했지만 『꾸란』에도 이맘에 관한 이야기가 나온다. "나는 그들을 내 명령으로 인도해 갈 아이마로 만들었다."(21:73)—아이마'imma는 이맘의 복수형이다. 그리고 할둔에 의하면 시아파의 한 극단적 종파는, 기독교에서 그리스도가 인간으로 화신한 것과 유사하게, 이맘을 신의 특성을 가진 인간으로 인식한다.18)

시아파는, 전술했듯이 하디스의 대부분을 『꾸란』 다음의 권위로 수용하는 순니파와는 달리, 알리와 그 추종자들에 관계되는 구전만 인정한다. 그리고 시아파 이슬람국가인 이란에서 일요일은 알리와 파티마를 위해 바쳐진다. 매일 매일의 기도에서 두 번째 기도는 무함마드의 딸인 파티마와 알리의 큰아들인 알-하산al-Hassan에게, 그리고 세 번째 기도는 둘째 아들인 알-후세인al-Husain에게 바쳐진다. 물론 나머지 이맘들에게도 남은 기도시간이 바쳐진다. 그리고 그들의 무덤을 순례한 사람들에게는 특별한 보상이 따르는 것으로 여긴다.

순니파에도 하나피아·샤파이야·한발이야·말라카야 등의 율법학교가 있어 율법의 세부 사항에서는 해석을 달리하지만, 시아파는 다시 여러 종파로 나누어진다. 알리의 혈통을 이은 12인 이맘 추종자들로서 이란을 장악하고 있는 '12인파' 외에 예멘에서 다수파를 형성한 자이디야파, 파키스탄에 많은 추종자가 있는 이스마일리야파, 북아프리카의 카와리즈파, 오늘날 일부 이슬람국가에서 활발하게 포교하고 있는 아흐마디아파, 『꾸란』의 영적 해석을 지향하는 신비주의적인 수피스파 등의 종파가 있다.[19] 순니파 무슬림들은 신앙과 관련해 개인적 해석을 인정하는 경향을 보여주기 때문에 흔히 기독교의 개신교도(프로테스탄트)에 비교되지만, 프로테스탄트와 순니파 이슬람교도를 직접적으로 비교하는 것은 옳지 않을 것이다.

시아파에서 파생한 카와리즈Khawarij파는 특히 평등의 교리를 중요시한다. 카와리즈파가 알리 지지를 철회하고 독자적 길을 걸은 연유는 다음과 같다. 무아위야Mu'āwiyah와 알리가 칼리파 자리를 놓고 싸운 657년의 시핀전쟁 때, 알리가 강압적 중재자들의 중재에 동의하자 추종자 중의 일부가 그와 갈라섰다. 신만이 모든 것을 결정할 수 있다고 믿었기 때문이다. 『꾸란』은 "한 파가 다른 파에 대해 배신할 경우 배신한 파와 싸워라"(49:9)고 가르친다. 무아위야는 물론 알리에도 등을 돌린 카와리즈파는 자신들과 견해를 달리하는 모든 무슬림과 투쟁했다.

카와리즈파 무슬림은 청교주의적이고 광신적이었다. 그들에 의하면 중죄인은 더 이상 무슬림으로 남을 수 없다. 신앙은 선업으로 이루어진다고 믿은 그들은 사치, 흡연, 음악, 유희, 아내가 동의하지 않는 경우의 축첩 등을 금했다. 그들은 다른 무슬림과의 통혼이나 교류를 가능한 한 회피했다.

카와리즈파는 또한 알라의 판결은 모든 무슬림공동체의 자유로운 선출에 의해서만 나타날 수 있다고 주장했다. 그러므로 그들은 또한 어떤 무슬림도, 심지어 에티오피아 흑인노예도 칼리파가 될 수 있다고 주장한다. 말하자면 다른 조건이 충족될 경우 흑인노예이기 때문에 칼리파가 될 수 없어서는 안 된다는 것이다.

카와리즈파는 옴미아드조 칼리파들에 자주 반기를 들었다. 매우 용감하게 투쟁한 그들은 후일의 와하비Wahābi운동(이슬람 부흥운동)에도 영향을 끼쳤다. 아마도 지나친 과격성이 주된 원인이겠지만 카와리즈파는 세월과 함께 서서히 약화되었고, 오늘날은 이바디스Ibadis로 불리는 5천여 명의 신도들이 북아프리카·예멘·잰지바르 등에 거주하고 있다.

이슬람국가의 신정체제

이슬람은 종교일 뿐인가 혹은 종교이며 국가인가 하는 문제는 현대 이슬람세계에서 중요한 논쟁점 중의 하나로 되어 있지만, 일반적으로 말해 이슬람은 종교이며 국가이다. 이슬람이 종교이자 국가이기 때문에 『꾸란』과 하디스는 국가통치에 관한 기본원리가 된다. 『꾸란』과 하디스에 담겨있는 그 원리들은 곧 국가의 정치적 목적과 기능을 규정하고 구체화한다. 이에 따르면 국가의 목적은 종교를 세우고 백성의 권익을 보호하는 데 있다.

물론 『꾸란』도 신정체제와 관련한 가르침을 준다. "이자들은 우리들이 만약 지상에 힘을 준다면, 예배를 행하고, 희사를 하고, 착한 일을 권하고, 악한 일을 금하는 것이다. 만사의 귀착은 알라에 속한다"(22:41)고 가르쳤다. 곧 예배와 희사만이 아니라 선행과 악행 등 모든 것이 알라로 귀결되는 이슬람세계에서는 종교와 정치가 나뉘지 않는다는 점을 확인하게 한다. 선과 정의를 행하고 악을 금하는 것이 무슬림이 지켜야 할 중요한 계율이라고 한다면 칼리파는 이슬람교와 이슬람국가를 보전하고 지켜야 한다. 칼리파가 통치하는 이슬람국가의 목적 또한 올바르고 선한 것들이 바탕이 되는 사회를 조직하고 악한 것들을 정화하고 청결히 하는 것이었다.[20]

따라서 무슬림에게는 정치적인 일이 종교적인 일이고 종교적인 일이 곧 정치적인 일이었다. 무함마드는 종교를 바탕으로 공동체 움마를 세웠고, 그 공동체는 교회이자 국가였으므로 정교일치는 당연한 귀결이었다. 당연하지만 그는 종교와 정치 모두의 절대적 지도자였고, 그의 후계자 칼리파들 또한 종교지도자로서 국가를 통치했다.[21] 그러므로 정교일치라고 말하기보다 신정체제라고 말하는 것이 더 적절할 것이다. 폰 시뢰터는 18세기의 프로이센을 '군대를 가진 국가가 아니라 사령부 및 군수품창고 역할을 하는 국가를 가진 군대'로 평가했지만,[22] 이슬람국가야말로 국가 안에 종교가 있는 것이 아니라 종교가 국가를 가진 형국이었다.

이처럼 이슬람국가는 철저한 신정체제이고, 그 신정체제는 또한 일부 이슬람국가들로 하여금 평화지향적 국가란 인식에서 멀어지게 하는 데 일조해 왔다. 대개의 경우 종교가 개재되어 있을 때—종교는 대개 인종도 개재시키지만—그것이 정치적 일이든 전쟁이든 선택의 폭이 줄어들게 마련이다. 종교의 도그마dogma는 흔히 이성적 사고나 비판을 허용하지 않는 대신 교도에게 순교까지도 불사하게 하기 때문이다. 종교와 연계된 분쟁이 쉽게 해결되지 않는 것도 이 때문일 것이다. 역사는 현대에 들어와서도 그리스와 터키 사이의 키프로스 분쟁, 신유고연방에서의 보스니아-코소보 분쟁, 북에이레 분쟁 등 그런 분쟁의 사례를 숱하게 보여준다.

이슬람제국의 급속한 성장과 분열

앞서 개괄했지만 무함마드는 결국 630년에 승리자 내지 정복자로서 메카에 금의환향했다. 이후 그는 아라비아반도의 통일에 진력하여 반도의 대부분을 장악한 뒤, 632년 8월 시리아 원정을 시도하던 중 메디나에서 타계했다. 하지만 이슬람교와 이슬람제국은 성장에 성장을 거듭하여 그가 타계한 지 한 세기만에 서쪽으로는 이베리아반도를 거쳐 프랑스의 남부까지 진출했고 동쪽으로는 인도에 이르렀다.

초기의 칼리파들과 이슬람제국의 급속한 성장

영역의 확장

무함마드의 이슬람제국은 놀라운 속도로 영토를 넓혀 갔다. 시리아와 팔레스타인이 곧 함락되고 638년에는 예루살렘을 장악했다. 639~640년에는 비잔틴제국의 중요한 해군기지 알렉산드리아를 공격해 이집트를 병합했다. 637년부터 이슬람군의 공격을 받은 사산조 페르시아는 641년에 바빌로니아성이 함락됨으로써 무너졌다. 이어 키프로스와 로도스를 점령한 무슬림전사들은 이탈리아 남부와 시칠리아를 공격하기 시작했다.

그리고 무슬림전사들은 고구려 유민이 발해를 건국한 해인 698년에는 북아프리카의 카르타고를 장악했다. 711년에는 아랍인과 카르타고의 강인한 원주민 베르베르족의 혼성부대를 지휘한 타리크Jabal-al Tarik가 지브롤터해협을 건너 이베리아반도를 공격했다. 720년에 피레네산맥을 넘은 무슬림들은 732년에 남 프랑스의 뚜르에 이르렀으나 메로빙조 프랑크왕국의 궁재 카롤루스 마르텔에 패해 스페인으로 퇴각했다.

이슬람제국이 북아프리카와 지중해 방면으로만 진출한 것은 아니었다. 그들은 동쪽에서도 이른바 지하드(聖戰)를 전개했다. 페르시아에서 동진하여 투르키스탄으로, 그리고 724년에는 인더스강 및 중국 서부지방에 도달했다. 또한 미개한 중앙아시아의 사막지대와 흑해 연안으로 진출하여 무슬림의 땅으로 만들었다. 흑해와 카스피해 사이의 아르메니아까지 병합했다. 그리하여 이슬람제국은 아라비아반도를 중심으로 인도에서 이베리아반도에 이르는 지역과 흑해와 카스피해 연안지역을 차지한 대국을 건설했다. 물론 내적, 외적으로 체제가 갖추어진 완전한 통일국가는 아니었지만 말이다.

이슬람제국의 분열

이슬람제국은 급속한 성장에 못지않게 급속히 분열했다. 짧은 시간에 대국으로 성장한 데다 무함마드가 타계한 후 후계자 문제에 부딪힌 이슬람제국이 분열한 것은 그리 놀라운 일은 아니다. 그들은 성전聖戰을 표방했지만 광대한 제국은 군사력에 의한 정복의 산물이었고, 따라서 그렇게 견고한 제국은 아니었다.

특히 후계자 문제는 역사가 오랜 아랍세계 내부의 알력과 함께 불완전한 제국을 대립과 분열로 이끄는 데 중요한 역할을 했다. 그리고 그 과정에서 생겨난 증오심과 적대감은 『꾸란』의 주석서 사용의 적법성 문제와 같은 신학 논쟁과 함께 이슬람교의 분열을 초래하는 등 이슬람세계의 역사적 발전을 저해해 왔고 오늘날까지 이슬람세계에 악영향을 끼치고 있다.

무함마드 사후 곧바로 일어난 후계자 문제는 이슬람세계를 분열과 대립으로 이끌었다. 딸 파티마만 남긴 무함마드는 아라비아의 관습대로 후계자(칼리파, Khalifah) 문제와 관련해 아무런 유언을 남기지 않았다. 그리하여 그를 따라 메카에서 메디나로 옮겨간 추종자들, 메디나 출신의 협력자들, 성천 이후의 명문가 출신 지지자들 등 여러 갈래의 유력자들이 후계자 자리를 놓고 다투었다.

무함마드가 사랑한 사촌이며 사위일 뿐만 아니라 오랫동안 싸움터에서 고락을 함께 하며 그를 도운 알리가 당시로서는 후계자 자리에 제일 가까이 있었으나 아부 바크르가 그의 후계자(칼리파)가 되었다. 그는 예언자의 절친한 교우였으며 가장 강력한 경쟁자였던 우마르 이븐 알 하타브의 지지를 얻었을 뿐만 아니라 예언자의 막료들 가운데 가장 연장자였다. 아마도 경쟁자들로 하여금 '가까운 장래'에 기회를 잡을 수 있을 것으로 기대하게 한 연장자라는 점 또한 그가 경쟁자들을 이기는 데 적지 않게 작용했을 것이다.

칼리파는 『꾸란』의 "기억하라. 아드의 카우라파 kaulafā로 너희를 만드셨으니…… 너희는 하나님의 은총을 기억하고 이 땅에서 악행을 하지 말지어다"(7:74)에서 유래했다. 그 밖에도 『꾸란』에는 "그분이 너희를 이 땅의 칼리파로 만드신 분이며, 너희 가운데 일부를 다른 사람들의 윗등급으로 올리셨나니"(6:165), "나는 지상에 대리자를 놓으려고 생각한다"(2:30)란 구절도 있다.

칼리파로 즉위할 때 이미 연로했던 아부 바크르는 2년 뒤 (A.H. 13)에 타계했다. 재위기간은 2년여에 지나지 않았지만 그는 무함마드 사후 흔들리는 이슬람제국을 안정시키고 사이비 예언자들을 제거하여 이슬람교를 정화했다. 이슬람세계에서도 예언자가 죽었다는 소문은 다수의 이탈자를 낳았고 여기저기서 자칭 예언자들이 다수 등장했었다. 그 중에서도 많은 수의 광신적 신도들을 얻은 무사일리마Musaylimah는 『꾸란』을 대신하는 경전까지 만들었다. 그런 자칭 예언자들을 제거하지 않고는 제국을 안정시킬 수 없었으므로 아부 바크르는 군대를 동원하기도 했다. 또한 우마르의 권고를 받아들여 『꾸란』을 편찬하기 시작했는데 완성하지는 못했지만 이슬람교의 정통성을 확보하는 데 이바지하였다. 그 밖에도 그는 시리아와 이라크 남부에 원정군을 파견하여 영역을 넓히기도 했다.

아부 바크르에 이어 그를 추대하는 데 앞장섰던 우마르가 칼리파로 선출되어 10여 년간 아라비아 전체를 이슬람화 하는 데 노력했다. 그는 비잔틴제국으로부터 시리아와 이집트를 빼앗았고 사산조 페르시아를 누르고 이란과 이라크를 손에 넣었다. 그리고 638년에 예루살렘을 함락시킨 우마르는 무함마드가 꿈에 지브랄의 인도로 천마와 빛 사다리를 타고 천상으로 올라가서 알라를 만났다고 하는 예루살렘의 그 바위 위에 자그마한 모스크를 세웠다-그 모스크는 약 50년 뒤 옴미아드조에 의해 더 웅장한 석조건물로 개축되었다(바위돔 모스크).

성스러운 바위와 열주(바위돔 모스크)

바위돔 모스크

하지만 우마르는 자객의 칼에 찔려 죽었다. 그를 이어 70세의 나이로 3대 칼리파에 오른 오트만 또한, 교단을 확고하게 장악하지는 못했지만 10여 년간 칼리파 자리를 지키다 656년에 메디나에서 암살당했다. 옴미아드가 출신 오트만은 옴미아드가 사람들을 중용하여 불만세력의 저항을 샀을 뿐 아니라 민심을 잃어 제대로 활동하지 못하던 중 궁궐에 침입한 폭도들에게 난자당해 죽었다.

이처럼 초기의 세 칼리파는 예언자의 혈통이 아니면서도 칼리파로 선출되는 데는 성공했지만 초대 칼리파는 곧바로 타계했고 2, 3대 칼리파는 피살당하는 불운을 겪었다. 그러한 상황에서 예언자의 혈통을 이어받은 사람이 칼리파가 되어야 한다는 주장이 더 강하게 제기되었고, 그 주장은 당연히 다수 무슬림의 지지를 받았다. 이른바 혈통주의자들로서는 자신들의 소망을 성취할 절호의 기회를 맞이한 셈이었다. 뿐만 아니라 유목민 시절의 자유를 동경한 일부 아랍인들은 칼리파의 강력한 권위에 불만을 표했다. 656년에 제3대 칼리파가 암살되자 그것을 계기로 이슬람세계는 드디어 분열했다. 혈통주의 칼리파제를 주장한 시아파와 칼리파의 선출제를 주장한 순니파로 분열한 것이었다.

앞서 이야기했듯이 혈통주의를 주장하고 『꾸란』을 설명하는 주석서나 보충적 책을 거부한 무슬림들은 시아파(종파주의자)라 불렸다. 오늘날 이란을 중심지로 삼은 그들 『꾸란』 지상주의자들은 20세기 후반에 이란에서 등장한 호전적 이슬람근본주의의 주류를 형성한다. 반면 비非무함마드계 칼리파를 인정하고 주해서로 『꾸란』을 보충하는 것을 배격하지 않는 무슬림들은 순니파(전승주의자)로 불렸다. 순니파는 시아파보다 비신자에게 비교적 관대했다. 사우디아라비아를 중심으로 발전해 온 순니파는 이슬람세계에서 90%를 차지하는 다수파로 성장해 오늘날에 이르렀다.

무함마드계 칼리파를 고집한 혈통주의자들은 예언자의 사위 알리를 중심으로 결속했다. 656년에 알리가 칼리파로 선출된 뒤에도 두 세력 사이의 대립은 끊이지 않았다. 결국 알리도 661년에 암살당했다. 칼리파 자리를 놓고 다툰 여타의 경쟁자들이 알리에게 저항했을 뿐 아니라, 폭도들에게 무참하게 살해당한 오트만의 추종세력이 알리를 복수의 대상으로 지목했던 것이다. 자객의 칼에 치명상을 입은 오트만이 손에서 『꾸란』을 놓지 않고 죽어갈 때, 남편을 지키기 위해 그를 감싸안은 아내 나이라는 손가락을 잘렸다. 시리아 총독 무아위야는 잘려나간 그녀의 손가락을 보고 분노한 사람들을 결집하여 알리와 싸워 이집트를 빼앗았다.

무함마드가 가장 사랑한 여인 아이샤도 자신을 궁지에 빠뜨리려 한 알리와 대립했다. 알리는 칼리파에 즉위한 수개월 후인 656년 12월에 이라크의 바스라에서 아이샤가 낙타를 타고 독전督戰한 반대세력과 일대 혈전을 전개해야 했다(카멜전투). 아홉 살의 나이로 무함마드와 결혼하여 자신의 품 안에서 임종하는 그의 마지막을 지켜본 아이샤, '신앙의 어머니'로 추앙받던 45세의 아이샤를 알리파와 혈투를 벌인 그 전장에서 지키기 위해 그녀 곁에서 싸우다 죽은 전사들 가운데 이름이 전해지는 사람만 해도 70명이나 된다고 한다. 다음해 봄에도 알리는 옴미아드 측과 유프라테스강 상류에서 격돌했다. 양측은 결국 휴전에 합의했으나 전술했듯이 그의 편에서 용감히 싸웠던 지지세력 일부(카와리즈파)가 휴전에 불만을 품고 떨어져나갔다.

_아이샤 vs 알리

아라비아반도를 장악해 가던 무렵 아이샤는 한 유목부족을 공격하기 위해 출전하던 무함마드를 다른 아내 한 명과 함께 따라나섰다. 사건은 싸움터가 아니라 이기고 돌아오던 중에 일어났다. 메디나로 귀환하던 어느 날 새벽 천막을 거두려고 할 때 아이샤는 천막에서 조금 떨어진 곳에서 용변을 보던 중 목걸이를 떨어뜨린 것을 알고 목걸이를 찾으러 갔다. 하지만 무함마드 일행이 그런 사실을 모르고 야영지를 떠나버려 그녀는 혼자 남게 되었다. 사막에서 혼자 길을 찾아 나서는 일은 곧 죽음을 의미한다는 것을 잘 알고 있던 아이샤는 무함마드의 부하들이 찾으러 올 때까지 기다릴 수밖에 없었다.

그런데 기다리던 중 자신도 모르는 사이에—아마 잠이 들었던 것 같다—언제 나타났는지 앞에 낙타를 탄 젊은이가 서 있었다. 메디나에 도착한 무함마드의 군사들이 아이샤가 혼자 처진 것을 알고 뒤늦게 큰 소동을 벌이고 있을 때 아이샤는 그 청년의 낙타를 타고 돌아왔다. 무함마드는 별일 아닌 것으로 여겼으나 주변 사람들은 그녀와 청년과의 관계를 의심했다. 특히 무함마드의 사위 알리는 시녀를 추궁해 아이샤가 부정한 행위를 했는지 진상을 밝혀야 한다고 주장했다. 반면 무함마드의 또 다른 아내이자 아이샤의 경쟁자였던 자이나브—그녀의 전남편은 무함마드가 자기 아내의 미색을 탐내고 있음을 알고 두려운 나머지 아내와 이혼해 그로 하여금 그녀를 취할 수 있게 했다—가 오히려 아이샤를 감싸주었다. 무함마드도 아이샤의 순결을 알라가 계시했다고 말하면서 사건을 매듭지었으나 아이샤는 죽을 때까지 알리를 증오했다고 한다.

옴미아드왕조와 아바스왕조

놀라운 속도로 성장한 이슬람제국은 또한 그에 못지않게 급속히 분열했다. 앞에서 비혈통주의를 지지한 세력과 혈통주의를 주창한 세력 사이의 권력투쟁을 살펴보았지만 그것은 결국 이슬람제국을 분열로 이끌었다.

전술했듯이 알리 또한 60세가 되던 해인 661년에 한 모스크에서 자객의 독검毒劍에 찔려 죽었다. 쿠파 부근에 묻힌 알리는 파티마와의 사이에서 얻은 두 아들 알-하산과 알-후세인을 남겼지만 옴미아드가 출신의 무아위야Muʿāwiyah가 결국 제국을 차지했다. 시리아 총독이던 순니파의 무아위야는 알리가 암살되기 1년 전인 660년에 예루살렘에서 스스로 칼리파로 즉위한 후 다마스쿠스를 수도로 삼았다. 그처럼 알리 생전에 알리와 무아위야는 이미 돌아올 수 없는 다리를 건넜던 것이다.

알리의 장자 알-하산은 알리가 피살된 후 칼리파로 추대되었으나 극심한 대립과 갈등을 헤쳐 나갈 능력이 없었고, 결국 옴미아드왕조를 인정하고 메디나로 은거해 버렸다. 알리의 둘째 아들 알-후세인 또한 유프라테스강변에서 그의 일족과 함께 참살된 후 머리는 다마스쿠스로 보내졌다.

다음은 알-후세인의 비극적 운명의 간략한 전말이다. 알리가 피살된 뒤 그를 추종하던 쿠파의 시아파 교도들이 알-후세인을 칼리파로 추대하기로 하고 그에게 쿠파 행을 청했다. 청을 받아들인 알-후세인은 가족과 함께 메카를 떠나 쿠파로 향했다. 그러나 유프라테스강 서쪽의 카르발라에서 무아위야를 이은 옴미아드조의 야지드Yajid 1세가 보낸 바스라 총독 우마르의 군대에 패해 그와 그의 가족 및 추종자들 모두 살해당했다. 680년(A.H. 59) 1월 10일의 일인데 시아파 무슬림들은 현재까지 매년 이날을 공식 애도일로 기념하고 있다.

반면 옴미아드가는 카르발라전투에서 알-후세인을 타도함으로써 정권을 공고히 할 수 있었다. 적대적 경쟁세력을 제압한 무아위야(661~680)는 아들 야지드 1세에게 칼리파 자리를 물려주는 데 성공했다. 이후 100여 년간 칼리파직을 세습한 옴미아드조는 이따금 시아파의 저항을 받기도 했지만 산업을 일으키고 문화를 발흥시키는 등 이슬람제국을 크게 발전시켰다.

하지만 순니파 옴미아드조는 750년에 일대 위기에 봉착했다. 오늘날도 남부 이라크는 시아파 무슬림의 땅이지만 당시 남부 이라크를 거점으로 삼고 저항하던 시아파가 옴미아드조의 마지막 칼리파 마르완 2세(744~750)를 타도하고 그의 가족 70여 명을 살해했다. 반란의 주모자 아부 알-아바스(Abu al-Abbas, 750~754) — 시아파는 아니었으나 예언자 무함마드의 4촌의 증손자였다 — 는 결국 아바스왕조를 개창했고, 이후 수도 바그다드를 중심으로 500여 년간 동부 이슬람세계를 지배했다.

아바스조는 아랍계 무슬림과 비아랍계 무슬림을 평등하게 대우하여 이슬람세계의 융합을 꾀했고, 따라서 아랍적·시리아적·페르시아적 요소가 융합된 이슬람문화를 발전시킬 수 있었다. 그러므로 아바스조시대의 이슬람문화는, 옴미아드조시대의 그것이 비잔틴문화의 영향을 비교적 많이 받은 데 비해, 페르시아문화의 영향을 더 많이 받았다.

만수르의 바그다드성

이슬람제국은 아바스조 후기에 이르러 분열했다. 그러나 아바스조는 '바그다드의 영화'로 일컬어지는 번영을 자랑했다. 아바스조 전성기의 바그다드는 2백만의 인구를 자랑했다고 한다. 특히 2대 칼리파 만수르(Al-Mansur, 754~775)는 762년부터 폭이 2700m를 넘는 도시를 건설하고 해자를 가진 3중의 원형성으로 에워싸 바그다드가 세계의 중심지임을 과시했다고 한다.

믿어지지 않지만 바그다그성의 해자는 폭이 아주 넓었고 제1성 안쪽에 있는 제2성은 밑변 폭 50m, 높이 34m였으며, 28m에 달하는 성탑을 가진 4개의 성문이 있었다. 3중의 성 안에는 호화로운 궁궐 '금문궁'과 모스크가 있었고 도시의 시가지에는 상점과 시장이 즐비했다. '평화의 도시(Madinat al-Salam)'로 불린 그 도시는 티그리스강 서안에 있었다고 하지만 아직까지 정확한 위치를 알지 못한다.

그러나 아바스조는 이슬람세계 전체를 오랫동안 통치하지는 못했다. 750년의 반란에서 목숨을 구한 옴미아드조의 일족이 난을 피해 스페인으로 건너가 코르도바를 수도로 삼고 후옴미아드조를 세웠기 때문이다. 이후 보다 부강해진 후옴미아드조 통치자들은 929년에 칼리파를 자칭하면서 바그다드의 칼리파에 대항했고, 그로 인해 이슬람제국은 바그다드의 아바스조(東칼리파)와 코르도바의 후옴미아드조(西칼리파)로 완전히 분열했다.

하지만 이슬람세계의 분열은 거기서 멈추지 않았다. 동·서 칼리파로 갈라선 이후 이슬람세계의 분열은 더욱 가속화되었다. 독자적 이슬람국가들이 모로코·튀니스·이집트 등에서 등장했던 것이다. 특히 이집트의 시아파 파티마왕조는 909년에 독립을 선언한 후 멸망할 때(1171)까지 칼리파로 자처했다.

한편 그 무렵 바그다드에서는 투르크족 용병들의 세력이 상당히 커졌는데, 그 중에서 셀주크 투르크족이 1055년에 이르러 권력투쟁에 승리하여 바그다드를 점령했다. 아랍계 칼리파를 대신한 셀주크 투르크족의 술탄Sultan — 투르크족의 종교 및 정치의 최고 지배자 — 들은 이후 시리아·팔레스티나·소아시아에 이르는 대국을 건설하고 비잔틴제국을 위협했다. 아바스조 이슬람제국은 1258년 몽골의 침략으로 멸망할 때까지 존속했으나 서유럽 기독교세계의 십자군운동에 빌미를 제공한 셀주크 투르크의 영향력 아래서 겨우 연명했을 뿐이다.

_고선지(高仙芝)와 아부 무슬림(Abu Muslim)

주지하듯이 고구려 유민인 고선지 장군은 당唐나라에서 큰 공을 세웠다. 1차 원정(747)과 2차 원정(750)에 대승하여 중앙아시아를 거의 석권한 고선지는 그러나 7만의 정벌군을 동원한 3차 원정에서 이슬람군에게 크게 패했다. 751년에 3차 원정에 나선 고선지는 서부 중앙아시아의 탈라스(페르가나 북쪽)에서 아바스조를 여는 데 기여했으나 알 만수르가 칼리파가 된 후 몰락한 아부 무슬림과 싸워 패했다.

탈라스전은 여러 면에서 의미 있는 싸움이었다. 키르기스탄 북서쪽 탈라스에서의 패배는 중국으로 하여금 무엇보다도 5세기에 걸친 중앙아시아 통제력을 상실하게 했다. 반면 그 전투는 아랍 무슬림들에게는 중앙아시아에 진출하는 길을 열어주었고, 중앙아시아지역은 결국 영구히 이슬람의 땅이 되었다. 그리고 반론이 제기되기는 하지만 그 전쟁을 통해 후한의 환관 채륜이 발명했다고 하는 종이가 서양 세계로 전래되었다고 한다.[23]

이슬람제국의 북아프리카-이베리아반도-지중해 진출

이슬람제국이 중앙아시아를 비롯해 동쪽으로는 인도와 중국의 서부지역, 서쪽으로는 북아프리카와 지중해 등지로 영역을 넓혀갔음을 앞서 약술했지만 여기에서 무슬림들의 북아프리카, 이베리아반도, 지중해 각지로의 진출과 그 영향을 좀 더 자세히 살펴보기로 한다.

이슬람제국의 북아프리카 진출

638~639년에 팔레스타인과 시리아를 병합한 후 이집트마저 손에 넣은(639~640) 이슬람제국은 698년에는 북아프리카의 카르타고를 장악했다. 이어 제국의 타리크는 711년에는 아랍인과 카르타고의 강인한 원주민 베르베르족 혼성부대를 이끌고 지브롤터해협을 건너 이베리아반도에 상륙했다. 714년경

에 사라고사와 바르셀로나를 손에 넣은 그들은 드디어 피레네산맥에 이르렀다. 그리고 무슬림들은 옴미아드왕조의 코르도바 총독 아브드 알 라만의 지휘하에 732년에는 피레네산맥을 넘어 남부 프랑스로 진격해 들어갔다. 팽창모습을 약술한다.

비잔틴제국의 헤라클리오스 황제가 사망한 다음 해인 642년에 아랍계 무슬림들이 알렉산드리아를 점령했는데, 그것은 지중해세계에서 새로운 시대가 열리는 것을 알린 신호탄이었다. 즉, 시리아·팔레스타인·이집트 등 동東지중해의 남부지역이 아랍인들의 지배 아래 놓이고, 또한 로마인들이 '우리의 바다(mare nonstrum)'로 부른 지중해가 아랍인들의 바다로 바뀌기 시작했음을 의미한다. 그것은 일시적 현상이 아니라 지중해세계의 정치적, 문화적 현상을 영속적, 근본적으로 변화시켰다.

아랍인의 시리아·이집트 정복의 특징 중의 하나는 비교적 짧은 기간 안에, 그것도 매우 용이하게 이루어졌다는 점이다. 아랍인이 그처럼 비교적 쉽게 시리아와 이집트를 정복할 수 있었던 것은 물론 두 지역을 지배하던 비잔틴제국이 허약했기 때문이다. 비잔틴제국은 수세기에 걸쳐 이란의 사산조 페르시아와 사투를 벌여오면서 국력이 크게 쇠약해졌다. 더욱이 비잔틴제국은 주로 해군력에 의존해 왔으므로 이슬람제국과의 육전에 효과적으로 대처하지 못했다. 거기다 비잔틴제국의 식민지였던 시리아와 이집트의 주민들이 오히려 아랍인들의 진출을 지지했기 때문에 비잔틴제국은 더욱 어려운 싸움을 할 수밖에 없었다.

두 지역의 주민들이 아랍 측을 지지한 데에는 두 나라의 상반된 종교정책도 작용했다. 비잔틴제국은 두 지역의 단성론單性論 기독교도들을 박해했다. 이집트의 곱트파(Goptic) 및 시리아와 아르메니아의 기독교도들은 그리스도를 '완전한 신' 혹은 '완전한 인간'이라고 주장했다. 아리우스 이래 디오스코루스Dioscorus를 비롯한 알렉산드리아의 신학자들은 대체로 예수의 신성을 강조하고, 안티오키아의 주교 네스토리우스Nestorius와 그 추종자들은 예수의 인간성을 강조했다. 비교적 잘 알려져 있듯이 325년의 니케아공의회에서 3위1체 교의가 정통으로 수용되고 431년의 에페수스공의회와 541년의 칼케돈공의회에서 단성론은 이단으로 규정되었다.

비잔틴제국은 또한 경제적으로도 시리아와 이집트의 주민을 과도하게 착취했다. 두 지역의 기독교도들은 무슬림전사들이 공격해 오자 성문을 열어 맞아 들였다. 거기다 아랍인 정복자들이 시리아와 이집트의 주민들, 특히 두 지역의 기독교도와 유대인들에게 제시한 조건은 종교적 관용을 포함하고 있었기 때문에 무슬림전사들은 해방군으로 환영받았다. 시리아의 운명은 한 차례의 싸움(야르무크전)으로 결정되어 버렸으며 이집트의 운명 또한 포트 사이드전투와 카이로 남쪽의 바빌론요새전투(640)에서 결정되었다.

하지만 무슬림의 지중해 진출은 쉽지 않았다. 이미 알렉산드리아와 시리아의 지중해 연안을 점령했지만, 사막의 유목민 출신인 그들에게 바다로 진출하는 일은 그리 용이하지 않았다. 아랍전사들은 육지싸움에는 성공했지만 비잔틴제국 해군으로부터 동東지중해를 빼앗지는 못했다. 해전에 익숙하지 못한 한계점은 그들로 하여금 결국 645년에 퇴패退敗를 맛보게 했다. 비잔틴제국의 해군은 나일강의 델타지대에 대규모 공격을 가해 알렉산드리아를 탈환했다. 아랍 측은 반격에 나섰으나 알렉산드리아를 다시 장악하는 일은 쉽지 않았다.

시리아와 그 주변 섬들에서도 사정은 비슷했다. 여전히 비잔틴제국의 지배 아래 있던 동지중해 연안의 작은 섬 아라도스는 시리아가 아랍 측에 떨어진 후에도 저항했다. 시리아에 파견된 아랍 총독 무아위야는 제해권을 확고히 하지 않는 한 시리아를 완전히 장악할 수 없다는 점을 간파하고 함선을 건조하고 해군력을 강화하는 일에 착수했다. 이집트 총독 이븐 사드Ibn Sa'd 또한 무아위야의 뒤를 따랐다. 그리하여 648년에 이르러 1700여 척으로 구성된 대함대를 갖게 된 아랍 측은 비잔틴제국의 키프로스에 대규모 공격을 가했다. 아랍 측이 감행한 최초의 대규모 해전이었다. 비잔틴제국의 시리아해안 최후의 거점 아라도스섬도 다음 해에 아랍 측의 수륙 양면에 걸친 공격으로 함락되었다.

이슬람제국은 이후 시리아와 이집트의 기지를 거점으로 삼아 비잔틴제국에 대한 공격을 계속했다. 그리하여 652년에는 시칠리아와 로도스섬을 습격하고 654년에는 키프로스를 점령했다. 비잔틴제국의 새 황제 콘스탄티노스 2세는 1000여 척의 함선을 집결시켜 반격의 기회를 노렸지만 655년에 아나톨리아해의 '마스트전'에서 아랍 측에 대패했다.

마스트전 이후 10여 년 동안은 양측의 내부사정 때문에 대규모의 충돌은 없었다. 이슬람제국은 칼리파 오트만 사후 무아위야가 알리와 칼리파 자리를 놓고 투쟁했고, 비잔틴제국 또한 카르타고 총독 그레고리오스의 반란과 그것을 이용한 아랍군의 북아프리카 침입, 로마 교황청과의 대립 등으로 심각한 위기에 처해 있었다. 그런 정세하에서도 콘스탄티노스 2세는 수도를 로마로 옮기고 시칠리아의 시라쿠사에 군대를 출동시키는 등 서방에서 제국의 세력을 회복하려 했다.

그러나 알리와 자웅雌雄을 겨루던 무아위야가 알리 측을 꺾고 660년에 다마스쿠스에서 옴미아드조를 창건하면서 상황은 달라지기 시작했다. 비잔틴제국에서는 콘스탄티노스 2세가 668년에 시라쿠사에서 암살당한 후 제위를 계승한 콘스탄티노스 4세가 수도를 다시 비잔티움으로 옮겼지만 혼란은 완전히 수습되지 않은 상태였다. 따라서 아랍 측은 그야말로 좋은 기회를 얻었던 것이다. 669년에 시칠리아를 공격한 북아프리카의 아랍군은 튀니지에 알-카이라완(엘-카이루안) 요새를 건설하여 아프리카 정복의 거점으로 삼았다.

하지만 이슬람제국의 주된 공격대상은 역시 비잔티움(콘스탄티노플)이었다. 669년에 비잔틴제국의 칼케돈이 아랍군의 공격 받았고, 672년에는 크레타섬과 로도스섬이 공격받았으며, 673년에 마르마라해에 침입한 아랍함대는 비잔티움을 해상봉쇄했다. 7년여에 걸친 해상봉쇄로부터 비잔티움을 구한 것은

'그리스의 불'이었다. 그리스의 불은 비잔티움을 포위한 다수의 아랍전선을 불태워 침몰시켰고 나머지 배들도 퇴각하다 폭풍을 만나 거의 전멸했다. 그리하여 아랍의 제해권은 일시 무너졌다.

이슬람제국의 제해권 상실은 당연히 그들의 북아프리카에서의 입지도 약화시켰다. 북아프리카 아랍군은 알-카이라완 요새를 거점으로 삼아 베르베르족을 굴복시켰지만 비잔틴제국의 해안도시들은 장악하지 못했다. 북아프리카 아랍군 사령관 나피Uqba bin Nafi는 681년에는 대서양 연안까지 진출했지만 고통스런 반격을 당해야 했다. 코사일라Kosaila가 지휘한 베르베르족이 반란을 일으켰고 해안요새에서 농성하던 비잔틴군이 기회를 놓치지 않고 그들과 합세해 배후를 공격했다. 나피는 전사하고, 비잔틴-베르베르 연합군은 여세를 몰아 683년에 알-카이라완을 함락하고 무슬림전사들을 이집트국경 바르카까지 밀어내었다.

그러나 옴미아드조의 새 칼리파 알-말리크Abdul al-Malik는 688년과 689년에 아프리카를 정복하기 위해 다시 대군을 파견했다. 그들은 초전에 승리해 알-카이라완을 손에 넣었지만 이번에도 배후를 공격한 비잔틴제국의 군대에 밀려 후퇴해야 했다. 하지만 알-말리크는 북아프리카 정복을 포기하지 않았다. 그는 693년에 4만의 대군을 징발해 다시 북아프리카로 진격케 했다.

새 사령관 누만Hassān bin Nu'mān이 베르베르족을 회유하는

데 성공한 데다 비잔틴제국의 내부사정도 아랍 측을 도왔다. 황제 유스티니아노스 2세의 거듭된 실정은 소小아시아함대의 반란을 불러왔고, 그로 인해 실각해 코까지 베인 후 추방되고 레온티오스가 황제로 즉위했다(695). 비잔틴제국의 방위력은 물론 현저히 저하되었고 결국 제국의 아프리카 거점 카르타고는 698년의 대격전 후 아랍 측에 떨어졌다. 아랍전사들은 여왕 카히나Kāhina에 충성하며 저항하던 베르베르족들도 항복시켰다.

다마스쿠스의 칼리파 알-말리크는 이어 누사이르Mūsā bin Nuṣayr를 아프리카의 총독으로 임명하고, 그에게 해군기지와 함선의 건조를 명했다. 그리하여 이슬람제국은 종래의 시리아와 이집트 함대에다 튀니스를 기지로 삼은 북北아프리카함대를 소유하게 되었고, 그로부터 비잔틴제국의 지중해에서의 입지는 더욱 흔들리게 되었다. 베르베르족을 굴복시킨 누사이르는 결국 이집트에서 모로코에 이르는 북아프리카 전체를 점령하는 데 성공했다.

이슬람세계로 변한 이베리아반도와 지중해

북아프리카를 장악한 아랍전사들을 손짓해 부르던 이베리아반도를 정복하는 일은 이슬람교로 개종한 베르베르족이 맡았다. 누사이르의 부장 타리크al-Ṭāriq는 711년에 주로 베르베르족으로 편성된 7천여 명의 군사와 함께 지브롤터해협 – 지브롤터는 '타리크의 바위'라는 뜻이다 – 을 건너 타리크산에 상륙했다. 바로 이베리아반도의 정복이 시작되었던 것이다.

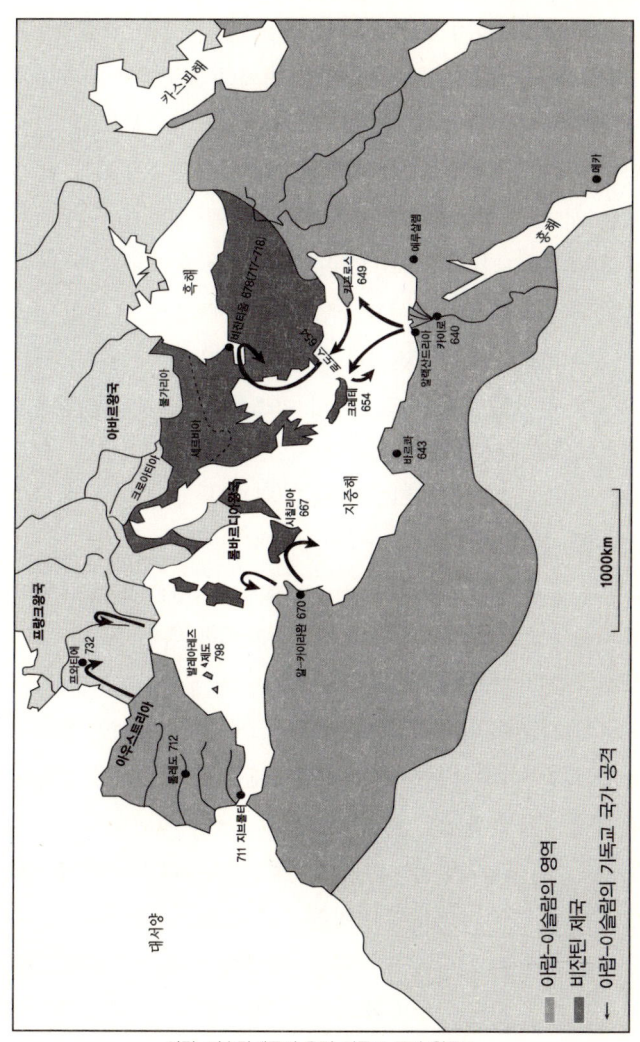

아랍-이슬람제국의 유럽 기독교 국가 침공도

당시 이베리아반도를 지배한 서西고트왕국은 왕위계승을 놓고 벌어진 내분에 빠져 있었다. 거기다 서고트족의 지배에 저항하던 이베리아반도의 원주민 켈트족과 종교적 박해에 시달리던 유대인이 타리크와 베르베르 전사들을 환영했다. 타리크는 서고트 최후의 왕 로데리고의 군대를 패퇴시킨 후 북진을 계속해 그라나다, 코르도바, 톨레도 등을 점령했다. 예상 밖의 성공에 고무된 북아프리카 총독 누사이르도 대군을 인솔하고 이베리아반도로 건너와 세빌라, 메리나 시도니아, 사라고사를 점령한 다음 칼리시아의 아스투리아스공국을 멸하고 이베리아반도 전체를 차지했다. 서고트왕국 출신의 일부 호족들은 이슬람교로 개종하고 공납을 납부한 대신 넓은 영지를 보유할 수 있었다.

이슬람의 전사들은 거기서 그치지 않고 피레네산맥을 넘어 프랑크왕국으로 침공해 들어갔다. 720년에 유럽대륙과 이베리아반도를 갈라놓는 피레네산맥을 넘은 무슬림전사들은 먼저 나르본을 점령했다. 아키테느공公 외드의 저항으로 툴루스는 가론강을 따라 진격해 온 아랍군에 점령되는 것을 면했다. 하지만 이슬람제국의 이베리아 총독 알-라만Abd ar-Raḥmān은 아키테느를 끝까지 포기하지 않았다. 그는 다시 아키테느를 공격했다. 결국 보르도를 장악한 그의 군대는 바로 파리로 연결되는 뚜르로 쇄도했다. 이슬람제국의 군대는 725년에는 부르군드까지 진출해 약탈했다.

보르도를 위시해 아키테느를 약탈한 다음 푸와티에를 거쳐 뚜르에 도달한 무슬림전사들은 뚜르에서 메로빙조 프랑크왕국의 실권자 카롤루스 마르텔이 이끈 프랑크군과 역사적 전투를 벌였다. 북아프리카의 무어족도 그때 이슬람군에 합세했다. 외드의 지원요청을 받고 거병한 마르텔은 기독교와 이슬람교의 역사적 결전인 7일간의 뚜르전투에서 서양 역사상 처음으로 보병과 중무장 기병을 함께 출전시켜 프랑크왕국의 역사는 물론 유럽역사를 다른 방향으로 이끌 뻔했던 그 전쟁을 승리로 장식했다(732).

프랑크왕국도 숱한 전사자를 내었으나 아랍 측은 사령관 알-라만을 포함하여 많은 전사자를 남기고 피레네산맥 남쪽으로 퇴각했다. 오늘날 뚜르전의 전장이 어디였는지는 확인되지 않고 있다. 뚜르에서의 승리로 프랑크왕국은 아랍세력을 피레네산맥 너머로 쫓아내는 데는 성공했지만 남南프랑스는 여전히 아랍인들의 수중에 있었다.

역사는 항상 반역자를 등장시키지만 당초에 무슬림전사를 남프랑스로 불러들이는 데 한 몫을 한 것은 아키테느공 외드였다. 그는 당시 프랑크왕국의 궁재 마르텔과 대립하던 네우스트리아(Neustrian) 측과 합세해 마르텔과 2년여에 걸쳐 싸웠으나 패배해 720년에 마르텔과 화약을 맺었다. 이후 그는 이슬람의 힘을 빌리기 위해 사라고사의 이슬람 총독-그는 이슬람의 이베리아 총독 라만과 대립했다-과 결탁했는데, 그것이 이슬람군의 프랑스 침공을 자극했던 것이다.

하지만 외드는 이슬람군으로부터 툴루스를 지키기 위해 힘든 싸움을 해야 했고 결국 마르텔에 원군을 요청해야 했다. 마르텔이 이슬람군을 퇴치한 이후 외드는 마르텔에 충성을 서약해 자신의 아키테느공국을 보전할 수 있었다.

_뚜르전쟁의 역사적 의의

사가들은 비잔틴제국이 718~719년에 마르마라해에서 이슬람제국의 군대를 패퇴시킨 것[24]과 더불어 732년의 뚜르전투가 유럽 기독교세계에 끼친 영향에 주목한다.

이미 발칸반도의 대부분을 장악하고 있던 오스만제국이 1453년에 비잔틴제국을 정복하면서 발칸반도가 점차 무슬림의 땅으로 변해 갔지만 뚜르에서 이슬람 측이 승리했을 경우 프랑스는 물론 유럽의 역사가 달라졌을지도 모를 일이다.

무슬림들이 뚜르전투에서 승리했었다면 오늘날 프랑스의 남중부는 물론 파리에서도 발칸반도에서와 같이 대소의 모스크들에서 무슬림들이 『꾸란』을 낭송하는 소리가 들려올지도 모를 것이다. 뿐만 아니라 도나우강 이남 지역처럼 라인강 유역도 무슬림들의 땅이 되어 있을지도 모른다.

무슬림들은 그처럼 프랑스를 알라의 땅으로 만드는 데는 실패했지만 이베리아반도를 장악하는 데는 성공했다. 이후 기독교 국가들은 카탈로냐와 나바르 등 일부지역에서 명맥을 유지했을 뿐 이베리아반도는 무슬림의 땅이 되었고, 그때부터 이베리아반도는 무슬림과 기독교도들의 처절한 각축장이 되었다. 이베리아반도 북부의 기독교 소국들은 9세기 이후부터 이슬람 측과의 끈질긴 투쟁을 통해 그들의 영역을 남쪽으로 조금씩 넓혀갔다. 특히 10세기 이래 이베리아반도를 실제로 통치한 북아프리카의 무어족 무슬림들을 축출하고 반도를 되찾기 위한 기독교의 500여 년에 걸친 '재정복'운동은 실로 눈물겨운 투쟁이었다.

물론 스페인의 기독교도 중에는 이슬람교로 개종하고 – 개종자는 무살리마musalimah로 불렸고 그의 후손은 무왈라드 muwallad로 불렸다 – 무어족의 지배에 협력하는 자도 없지 않았다. 또한 스페인의 일부 기독교도와 유대인은 무어족에 복종하는 대가로 신앙의 자유를 허용 받았는데 그들을 모자라베 mozárabe라 불렀다. 스페인인의 무슬림과의 투쟁은 기독교 측에서 볼 경우 이베리아반도를 다시 기독교세계로 만들기 위한 십자군운동이었다.

아스투리아스의 잔존세력들은 알폰소 1세(739~757)와 알폰소 3세(866~910?) 등을 중심으로 결속하여 무어족과 싸웠으며, 곤잘레스(930~970) 백작은 카스티야를 독립국으로 성장시켰다. 그리고 나바라 왕국의 산초 3세(1000~1035)는 카스티야, 아스투리아스, 바르셀로나 등지를 통합하여 기독교의 재정복운동을 주도했다.

이베리아반도의 기독교 측 십자군운동을 승리로 이끈 전설적 영웅은 엘 시드El Cid였다. 기독교 전사들은 카스티야왕국의 군사적 지도자며 민족적 영웅이었던 엘 시드를 중심으로 뭉쳐 무어족과 싸웠다. 그들은 해방운동에 항용 수반하는 가장 무서운 적인 내분에 시달리기도 했지만 무어족을 남쪽으로 남쪽으로 몰아붙였고, 드디어 콜럼버스가 역사적 항해에 나선 1492년에 무어족으로 하여금 최후의 거점 그라나다를 포기하지 않을 수 없게 했다. 재정복을 위한 십자군운동이 성공하고 이베리아반도 전체가 다시 기독교세계가 되는 시점이었다.

오스만 투르크족이 비잔틴제국을 멸망시키고 차지한 이스탄불이 오늘날 동서문화가 혼재 혹은 융합해 있어 국제적으로 관광객을 불러 모은다. 이스탄불이야말로 동양과 서양이 만나는 지점인 데다 로마제국의 수도(콘스탄티노플)와 비잔틴제국의 수도(비잔티움)였는가 하면 오랫동안 오스만제국의 수도였기 때문에 고대와 중세의 기독교 유적에 동·서양의 문화가 어우러져 있다. 오늘날의 스페인 또한 이름난 국제적 관광지이다. 지리적으로도 아프리카와 유럽이 좁은 지브롤터해협으로 이어져 있는데다, 아랍인과 무어인들이 600~700여 년간 지배했기 때문에 유럽과 아프리카의 문화, 그리고 기독교와 이슬람교 문화가 혼재 혹은 융합해 있기 때문이다.

사실 스페인과 포르투갈의 곳곳에는 이슬람적, 무어적 요소들이 다수 잔존해 있다. 조부모 이사벨라와 페르디난드로부터 통일왕국을 물려받아 스페인을 영국에 앞서 해가 지지 않는 나라로 발전시킨 필리페 2세(1556~1598)는 안으로 왕권을 강화하고 엄격한 가톨릭교 정책을 펴는 등 안팎으로 부국강병책을 추진했는데, 그가 열성적으로 추진한 정책 중의 하나는 스페인화 정책이었다.

필리페 2세는 이슬람적, 무어적 잔재를 털어내고 스페인을 스페인화하기 위해 1566년에 '국사조칙國事詔勅'을 내려 무어인의 전통적 의상을 입는 것과 아랍어를 쓰는 것을 금하는 등 아랍-무어적 관습을 멀리하도록 조처했다. 제국주의 일본의 식민지로 고통받은 기간이 길게 잡아도 반세기 정도에 불과한 우리의 현실에 비추어 볼 때, 필리페 2세의 국사조칙이 스페인에서 아랍-무어적 잔재를 말끔히 씻어내었을 것으로 기대할 수는 없다. 스페인에 남아 있는 아랍-무어족 문화가 유럽 기독교문화와 함께 오늘날 동서양의 관광객들을 끌어들인다.

_무데하르(Mudejar)

'재정복' 이후에도 무어족 무슬림의 일부가 이베리아반도에 잔류했는데, 무데하르는 기독교도의 보호 아래 있던 그들 무어계 무슬림들에게 붙여진 명칭이었다. 그들은 인두세를 납부하는 대신 그들 고유의 종교, 언어, 관습을 보전할 수 있었다. 스페인의 대도시들에는 점차 규모가 줄어들긴 했지만 이슬람적 공동체인 무데하르 거주지들이 있었다.

당연한 결과이지만 무데하르들은 아랍-이슬람문화와 기독교 스페인의 문화를 결합시키는 데 이바지했다. 그리하여 무데하르는 흔히 기독교문화와 이슬람문화가 융합해 출현시킨 양식 혹은 고딕양식과 무어양식의 결합이 낳은 문화를 일컫기도 한다.

무데하르양식은 건축과 예술에서 눈길을 끄는데, 가구의 경우 대개 유럽적 형태와 아랍적 장식이 결합한 모습으로 나타난다. 예컨대 바르구에vargue로 불리는 캐비닛 - 앞부분이 높은 문갑류-은 섬세하게 가공한 쇠를 덧붙이고 벨벳으로 장식했다. 그 캐비닛에는 또한 조각, 채색, 도금, 상아상감 등 무어적 양식이 첨가되었다. 무데하르양식은 그 밖에 금은 세공품, 도자기, 옷감 등에서도 볼 수 있다.

건축의 경우에도 무데하르양식은 드물지 않다. 스페인에서는 주로 수도원 건축에서 현저했던 중세적 전통 및 17세기까지 영향을 끼친 후기 고딕양식의 리브(둥근 지붕의 서까래)도 채택되었지만, 기하학적 형태의 목재천장, 채색타일, 직각형태의 아치(알피즈, alfiz) 및 세 꽃잎 무늬(trefoil) 아치 같은 무데하르양식도 널리 채택되었다. 톨레도, 코르도바, 세비아, 발렌시아 등지에는 물론 스페인이 라틴아메리카 식민지에 건설한 산토 도밍고, 멕시코시티, 퀴토, 리마, 쿠스코 등지에도 무데하르양식의 건물들이 남아있다.

지중해의 아랍 무슬림 해적

앞에서도 지적했지만 아랍 무슬림 출신 해적들은 이슬람제국이 북아프리카를 장악하게 되면서 지중해의 섬들은 물론 유럽의 지중해 연안지역으로 진출해 노략질과 살육을 일삼았다. 물론 아랍인 해적만 당시 지중해에 출몰한 것은 아니었다. 예컨대 슬라브족 해적은 아드리아해와 달마티아해안의 도서들을 근거로 노략질을 했다. 하지만 당시 지중해를 무대로 암약

한 해적들의 주류는 역시 아랍인이었다. 그들은 알렉산드리아에서 크레타섬으로, 크레타섬에서 다시 그리스로 진출했다.

특히 북아프리카의 튀니스에 근거를 둔 아랍인들은 뱃길로 그리 멀지 않은 이탈리아 남부를 괴롭혔다. 그들 튀니스의 아랍인들은 812년에 나폴리와 그 부근 섬들을 점령했다. 그들은 이어 827년에는 비잔틴제국의 한 무관의 도움을 받아 시칠리아의 서쪽 마르사라에 상륙했고 결국은 비잔틴제국령 시칠리아의 시라쿠사와 메시나를 점령했다. 그리고 830년에는 대군을 파견해 팔레르모를 포위했고, 다음 해에는 결국 팔레르모를 점령했다. 이후 팔레르모를 중심으로 활동하던 아랍인들은 사실상 독립하여 시칠리아를 완전히 장악했다—그들은 800년에서 909년까지 튀니지에서 동東알제리에 걸치는 북아프리카와 지중해에서 상당한 세력을 자랑했는데 900년에는 알-카이라완을 수도로 삼고 독립을 선포한 후 바그다드의 아바스조 칼리프로부터 떨어져 나가 아그라비드Aghlabid왕조를 세웠다.[25]

메시나도 동지중해로 진출한 아랍해적의 기지 역할을 했다. 고대에는 그리스의 식민지로 그리스인의 시칠리아 및 남이탈리아 진출의 교두보였고, 로마가 지중해를 지배하기 이전에는 잠시 카르타고의 지중해 거점이 되기도 했던 메시나가 이제 튀니지 아랍해적들의 소굴이 되었던 것이다. 메시나에서 해적선을 띄운 아랍해적들은 코르시카와 사르디니아는 물론 이탈리아반도 곳곳을 공격했다. 나폴리, 제노바, 바리, 로마 등 이탈리아 도시들은 물론 남부 프랑스까지 아랍인 해적의 침공을 받았다. 오늘날 시칠리아 곳곳에서 건물을 비롯한 아랍 유적을 찾는 일은 그리 어렵지 않다.

메시나 아랍해적들의 약탈은 961년에 비잔틴제국의 해군이 크레타를 탈환할 때까지 계속되었는데, 그들의 공격으로 846년에는 로마의 성베드로 성당이 불에 타고 베네딕투스계 수도원의 중심 수도원 격인 몬테카지노 수도원도 불탔다. 주지하듯이 몬테카지노 수도원은 성베네딕투스가 수비아코에 몇 개의 수도원을 세웠으나 그 지역 성직자들의 질시와 방해로 실패한 후 설립해 성공한 수도원으로 그 후 유럽에 베네딕투스계 수도원이 다수 출현했다.

그 밖에도 아랍해적들은 바르셀로나 남쪽의 발레아레스제도를 소굴로 삼아 스페인해안을 약탈했으며, 남프랑스의 마르세유 부근의 산악지대를 역시 소굴로 삼아 노략질했고 심지어 알프스산맥을 넘어 스위스의 제네바에까지 진출했다. 예컨대 성체聖体를 앞세우고 행렬을 따라가던 동부 스위스의 성거렌 수도원 수사들이 아랍인들의 습격을 받았다. 972년에는 프랑스 아키테느의 클루니 수도원장이 로마를 찾았다가 귀국하는 길에 역시 알프스에서 아랍해적의 습격을 받았다. 당시 알프스는 프랑스, 영국, 독일 등에서 교황청이 있는 로마로 오가는 육로여행의 요지였는데 이처럼 아랍해적들이 자주 출몰해 여행객들을 괴롭혔다.

이제 지중해는 무슬림의 활동무대가 되었고, 따라서 유럽의 기독교도들은 더 이상 그곳을 자신들의 바다로 여길 수 없게 되었다. 물론 베네치아와 제노바 등 이탈리아의 일부 도시국가들은 에게해와 흑해 혹은 에게해와 동지중해를 잇는 항로를 통해 흑해 및 동지중해 연안 국가들과 줄곧 교역했다. 특히 베네치아는 로도스와 키프로스 같은 섬들이나 보스포러스해에 근거지를 마련해 흑해와 동지중해 무역을 활발히 해왔다. 하지만 전체적으로 볼 때 지중해는 이미 무슬림들의 바다가 되었고, 무슬림들은 유럽의 기독교도들을 유럽대륙 안에 가두어 버렸다. 주지하듯이 중세 유럽은 폐쇄적이고 자연경제적인 봉건사회였는데, 이슬람제국은 바이킹족으로도 불리는 노르만족과 함께 유럽을 봉건사회로 만드는 데 중요한 역할을 했다.

_삐렌느테제(thesis)

무슬림의 북아프리카와 이베리아 진출 및 지중해 장악은 그처럼 유럽역사의 방향을 바꾼 중요한 사건이었다. 그러므로 벨기에 출신의 삐렌느는 1920년대에 쓴 『마호메트와 샤를마뉴』에서 유럽을 고대에서 중세로 이행시킨 것은 4세기 후반에 시작된 게르만족의 침략이 아니라 이슬람제국의 지중해 장악이었다고 주장한다. 이른바 삐렌느명제(혹은 삐렌느테제)로 알려진 학설이다. 주지하듯이 종래에는 게르만족의 침략과 그에 따른 서로마제국의 멸망(476)을 고대와 중세의 분수령으로 보거나 로마가 원수정적元首政的 제국에서 전제적 제국으로 바뀌고 경제 또한 중세적 장원경제로 변질한 3세기말을 고대와 중세의 분수령으로 인식했다.

하지만 삐렌느에 따르면 게르만족의 침략은 지중해문화의 본질을 조금도 변화시키지 못했지만 아랍 무슬림의 지중해와 그 주변 지역의 점령은 지중해문화를 본질적으로 바꾸었다. 그는 게르만족 침략이 지중해세계에 어떤 새로운 원리, 새로운 경제체제, 새로운 사회질서도 도래시키지 않았으며 언어상으로도 아무런 변화를 초래하지 않았다고 주장한다. 말하자면 게르만족은 로마문화의 핵심적 요소를 파괴하지 않았으며 지중해세계에 어떤 혁신도 도래시키지 않았다는 것이다.

반면 무슬림들이 지중해세계와 그 문화를 송두리째 바꾸어 버린 것으로 본 삐렌느는 다음과 같이 말한다. 그들은 지중해세계를 동과 서로 분리시켰고, 서지중해가 더 이상 유럽 기독교도들의 물화와 문화의 교류지가 될 수 없게 했다. 지중해를 아랍인에 뺏긴 서유럽은 이제 자체의 자원으로 살아가야 했다. 기독교교회 또한 아랍인들과 싸워 유럽대륙을 지켜낸 게르만족 군주와 제휴해야 했고 또한 게르만국가에서 발전한 새로운 사회질서와 결합해야 했다.[26]

요컨대 삐렌느에 따르면 아랍인의 기독교 유럽 공격 및 지중해 장악은 유럽으로 하여금 한 시대(고대)를 마감하고 새로운 시대(중세)로 진입하게 할 만큼 큰 변화를 초래했다. 물론 모든 사가들이 삐렌느에 동의하는 것은 아니다. 그러나 우리는 삐렌느가 이슬람세력의 지중해 진출을 서양역사의 일대 전환점으로 잡았다는 점에 주목해야 할 것이다. 지중해를 잃어 유럽대륙에 갇힌 형국이 된 기독교 유럽세계가 이슬람세력으로부터 지중해를 되찾기 위해서는 십자군운동이라는 범汎기독교세계적 투쟁을 준비해야 했다.

이슬람제국의 놀라운 성장의 배경

아랍인들로 하여금 대체로 7세기에서 10세기에 걸쳐 그들의 역사상 정치적으로는 물론 문화적으로도 전무후무한 번영을 자랑할 수 있게 한 원동력은 무엇이었을까? 오스만 투르크족의 지배를 벗어난 이후에도 정치적 문화적으로 후진성을 탈피하지 못한 19세기 이후의 아랍세계의 역사를 염두에 둘 때 이슬람제국의 비약적 성장의 배경에 관심을 갖지 않을 수 없다.

지하드와 인 샤 알라

무슬림에 따르면 이슬람교 역시 평화와 건설을 사랑하는 종교이지 결코 전쟁과 파괴를 지향하는 종교는 아니다. '이슬람'에는 순종은 물론 평화의 의미도 있다고 한다. 평화를 추구하는 이슬람교는 신앙을 칼로 강요하지 않으며 신앙의 자유를 설교하고 있다고 그들은 주장한다. 요컨대 중세의 기독교 신학자들이 추하고 호전적인 종교로 매도하기 위해 이슬람교는 '한 손에 꾸란, 한 손에 칼'을 지침으로 삼는다고 비난했을 뿐이지 이슬람교는 평화를 사랑하는 종교라는 것이다.

그러나 무슬림들은 결코 전쟁을 회피하지 않았다. 오히려 다른 어떤 종교의 신도들 못지않게 포교를 위한 전쟁에 적극적이었다. 그들은 포교를 위한 전쟁을 성전(지하드)이라고 주장했다. 그들의 성전개념은 기독교의 십자군개념과 유사했다. 기독교도 스페인의 '재정복'과 200여 년에 걸친 십자군운동의 예에서 볼 수 있듯이 그들의 전쟁을 흔히 성전으로 미화했다. 전쟁만큼 야만적인 행위는 없지만 인류는 신의 이름으로 무수한 전쟁을 해왔고 또 신의 이름으로 전쟁을 미화해 왔다.

이슬람교는 또한 알라에의 절대적 복종을 요구하고, 특히 복종을 행동으로 표하도록 명하는 종교임을 염두에 두어야 할 것이다. 신에의 복종은 무슬림의 신성한 의무다. 아랍인들은 언제나 '인 샤 알라in shaa' Allah', 곧 '신의 뜻대로'를 말한다. 그들은 모든 것을 '신의 이름으로' 행한다. 그들은 어떤 일을 하든 어떤 말을 하든 어떤 것을 소원하든 알라를 부르고 알라에 의지한다. 신앙이 생활 전체를 지배할 뿐만 아니라 생활 그 자체인 무슬림들에 있어 전지전능한 창조자요 영원하고 존엄한 존재인 알라에 의지하고 따르는 것이야말로 가장 완전한 삶일 수밖에 없었다.

신에의 절대적 귀의와 복종은 동시에 신의 이름으로 행해지는 어떤 일에도 적극적, 헌신적으로 참여하게 한다. 무함마드는 모든 사람들에게 알라를 따르라고 외쳤다. 이슬람교의 신은 개종하지 않는 자들, 즉 자신에게 귀의하지 않는 자들에 대한 무력사용의 필요성을 인정했다. 이슬람교의 교리에 따르면 불신자를 개종하기 위해 싸우다 죽은 사람이야말로 신의 명령을 옳게 이행한 사람이다. 그들은 거룩한 사명을 위해 죽은 것이다. 이슬람제국의 아랍인들은 알라를 위해, 거룩하고 성스러운 일을 위해 신명을 다해 싸웠다. 신도들로 하여금 '인샤 알라'를 외치며 다투어 성전에 나서게 한 이슬람교야말로 이슬람제국이 승승장구한 불가결의 토대였다.

기타의 장점들

운 좋게도 아랍인들은 강력한 적들을 상대하지 않아도 되었다. 이슬람제국의 주적인 비잔틴제국과 사산조 페르시아제국은 오랫동안 서로 싸우느라 지쳐 있었다. 페르시아에서는 비잔틴제국에 패한 뒤 내란이 발생했다. 비잔틴제국은 페르시아군을 패퇴시켰으나 시리아와 이집트 속주들의 저항을 받아야 했다. 두 속주는 비잔틴제국의 국력이 강화되는 것을 바라지 않았다.

더욱이 비잔틴제국은 이집트와 시리아의 단성론 기독교도들을 박해했지만 이슬람제국의 지배자들은 기독교도들에게 개종을 강요하지 않고 공물만을 요구했을 뿐이었다. 따라서 이집트와 시리아의 기독교도들은 비잔틴제국을 위해 무슬림 전사들과 싸우려 하지 않았다. 그들은 시리아와 이집트를 비교적 용이하게 점령했고 나아가 '성상파괴운동' 이후 국력이 현저히 약화된 비잔틴제국을 압박할 수 있었던 것이다.

아랍인들의 역사적 생활방식인 사막의 유목생활도 그들의

동·서 세계로의 진출에 이바지했다. 단순하되 거친 유목생활은 사람들로 하여금 보다 격렬하고 호전적인 성향을 갖게 했다. 소수의 야만적 몽골족이 중국을 지배하고 동유럽까지 진출하여 유럽세계를 공포로 몰아넣을 수 있게 한 원동력은 유목생활에서 비롯된 강인함과 호전성일 것이다. 말하자면 유목생활은 몽골족으로 하여금 강력하고 용맹한 기병들이 되게 했던 것이다. 아랍인의 경우에도 유목생활에서 비롯한 난폭성과 공격성이 이슬람교 특유의 결속력 및 강렬함과 결합하여 그들로 하여금 일거에 지중해세계를 장악할 수 있게 했던 것이다.

한편 무함마드는 예수를 비롯한 다른 종교의 창시자들과는 달리 종교의 최고 지도자였을 뿐만 아니라 국가의 창건자였고 또한 최고 통치자였다. 그는 메디나헌장을 반포하여 이슬람공동체, 즉 이슬람교에 기초한 새로운 공동체의 건설을 추구했다. 그는 이슬람교를 중심으로 모든 아랍인들을 결속시켜 아랍민족국가 건설을 도모함으로써 아랍 역사상 처음으로 통일국가를 건설할 수 있었다. 그러므로 이슬람제국은 정치와 사회는 물론 종교와 문화 등 모든 영역을 규제하는 정교일치의 신정체제로 발전했다. 이슬람신학자들은 이슬람세계의 특징인 신정체제를 이슬람세계의 발전의 초석으로 이해한다. 그 때문에 이슬람교는 아라비아사막의 신기루가 아니라 강력한 결속력을 자랑하는 종교가 되었다. 요컨대 무함마드의 신정적 이슬람공동체는 전체 아랍인을 결속시켰을 뿐만 아니라 용맹한 전사가 되게 했던 것이다.

일부 연구자들은 아랍인의 인구증가와 이슬람세계의 팽창을 연결하기도 한다. 즉 아라비아반도의 인구과잉 상태가 아랍인들로 하여금 영역의 확대에 힘쓰게 했다는 것이다. 사실 무함마드시대에 이르러 수적으로 증가한 아랍인들은 이라크·시리아·팔레스티나 등으로 진출했고, 이슬람교는 자연히 이들 지역으로 전파되었다. 그리고 이슬람교는 그에 이어 보다 멀고 아랍인들이 거의 거주하지 않는 지역 – 북아프리카·이베리아반도·흑해 연안·중앙아시아·서남아시아 등지 – 으로 전파되었다. 그러므로 아랍인들의 비非아랍지역으로의 팽창은 역사상의 다른 모든 정복전쟁과 유사하게 생활공간과 인적·물적 자원 등 전리품을 얻기 위한 팽창이기도 했다. 물론 그들은 포교를 위한 성전으로 미화했지만 거기에는 제국주의적 요소도 작용했던 것이다.

서구 기독교 문화를 압도한 이슬람문화

이슬람세계의 종교·군사적 성공에 못지않게 흥미로운 것은 그들의 탁월한 문화적 업적이다. 옴미아드조와 아바스조의 아랍인들은 수학과 과학은 물론 모든 면에서 놀라운 창조력을 발휘하여 인류문화에 크게 이바지했다. 그들의 왕성한 문화창조력은 유럽 봉건세계의 그것을 압도했다. 대체로 말해 15~16세기 이후부터 세계의 문화를 주도해 온ー물론 정신문화의 경우는 사정이 다르다ー서구 기독교 국가들도 중세에는 비잔틴제국이나 이슬람제국보다 문화적으로 훨씬 후진적이었다. 서양 중심적 사관에 집착하는 서양 사가들도 그 시기에는 서양이 문화적으로도 이슬람세계에 현저히 뒤졌다는 점을 숨기려 하지 않는다.

수학과 과학에 뛰어난 아랍-이슬람문화

수학과 과학

아랍-이슬람세계는 특히 수학, 화학, 의학 등에서 뛰어난 창조력을 발휘했다. 사실 근대 서양은 아랍의 수학과 화학 등에 적지 않은 도움을 받았기 때문에 훌륭한 과학적 성취를 자랑할 수 있었다.

'아라비아숫자'가 상징적으로 말해 주지만 아랍의 수학상의 업적은 놀라운 것이었다. 그들은 12세기 전후부터 유럽에 전래되고, 오늘날에는 지구 어디에서나 사용되는 '아라비아숫자'를 실용화해 일상적 계산을 쉽고 편리하게 했을 뿐만 아니라 고등수학의 길을 열었다.

더욱 놀라운 것은 아라비아숫자에는 로마인이 알지 못했던 '0'(제로)도 포함된다는 점이다. '0'개념이 없을 경우 음수(-)개념은 존재할 수 없고, '0'과 음수개념이 없을 경우 고등수학은 상상할 수도 없을 것이다. 그리고 고등수학이 현대의 우주과학이나 첨단과학에서 차지하는 비중을 염두에 둘 경우 0을 포함한 아라비아숫자의 중요성은 아무리 강조해도 지나치지 않을 것이다. 로마의 V(5), X(10), CCCLIV(354)로 미·적분은커녕 제곱, 세제곱 셈을 할 수 있을까?

아랍인들은 인도로부터 1~9까지의 기호(숫자)를 배운 반면[27] — 때문에 힌두·아라비아숫자로 칭해지기도 한다 — '0'의 경우는 인도가 아닌 중국의 영향을 받은 것으로 보인다. 사가

史家들에 의하면 7세기경의 인도차이나의 문헌들에 0이 나타나기 시작했고, 그로 미루어 인도나 아랍이 아닌 중국이 0의 발명자일 가능성이 높다. 다른 사가들은 '없음'을 의미하는 아랍어의 'sifr'와 0(cipher)을 관련짓기도 한다. 그처럼 0이 처음 만들어진 곳은 혹 중국일지 모르나 그것을 실용화한 이들은 아랍인이었다.

그 밖에도 아랍인들은 평면기하학(유클리드기하학)과 함께 해석기하학을 발전시켰다. 그들은 평면 및 구면 삼각법을 창시했으며 대수학에서도 3차방정식의 해법을 제시하는 등 괄목할 만한 업적을 남겼다. 0을 최초로 책에 기록한 사람으로 평가받는 9세기의 알-크와리즈미al-Khwarizmi는 그리스와 힌두적 요소를 결합하여 대수학을 발전시켰다. 오늘날 대수학을 의미하는 영어의 '알제브라algebra'는 그의 아랍어 저서 『적분과 방정식의 책Kitab al-jabr wa al-muquabalah』에서 유래했다(al-jabr wa al-Muquabalah는 '책冊'을 의미한다). 『적분과 방정식의 책』은 12세기에 라틴어로 번역되어 중세 유럽 대학에서 교재로 사용되었다.[28]

아랍문화는 비교적 일찍이 유럽에 전래되었다. 11세기경에 톨레도나 코르도바와 같은 스페인 도시들을 통해 그리스, 인도, 아랍의 철학, 천문학, 점성술, 수학 등이 유럽에 전래되었다. 특히 아라비아숫자는 유럽의 대학들에서 먼저 사용되었지만 곧 상인사회에도 수용되었다. 이탈리아의 상인들은 13세기에 아라비아숫자를 사용하기 시작했고 이어 남부 독일과 프랑스의 상인들도 그것을 사용하게 되었다.

아랍인들 사이에서는 연금술이 유행했는데 그것은 그들로 하여금 화학에서도 놀라운 업적을 남기게 했다. 중국의 경우 연금술은 주로 불로장생의 특수 영약을 만들어내는 쪽으로 발전하여 중국적 신비주의와 결합했다. 그에 반해 이슬람세계에서는 비卑금속으로 귀금속(이른바 '철학자의 돌')을 합성해내는 연금술, 말하자면 마술과 과학이 결합된 연금술로 발전했다 ― 물론 아랍 연금술사들 중에도 묘약 만드는 일에 열중하는 자들이 있었다. 알렉산드리아의 연금술사들은 '엘릭시르elixir'라는 생명연장 특효약을 만들어 세인世人을 놀라게 했다고 한다.

그것은 여하간에 아연이나 알루미늄 같은 비금속으로 금과 같은 귀금속을 만들어 낼 수 있다면 얼마나 좋을까? 연금술사들은 각종 비금속에 이런저런 화학약품을 넣고 열을 가하거나 빼는 등 시행착오적인 실험을 되풀이했을 것이다. 그들은 그런 실험과정을 통해 증류·여과·승화 등 과학적 방법을 개발하거나 발전시켰다 ― 오늘날 서양의 증류주인 위스키도 십자군전쟁에 종군한 수도사들이 아랍인들로부터 그 기법을 배워 개발한 것이라고 한다. 뿐만 아니라 탄산소다·알룸(명반)·붕산·질산·유황산·질산은·초산·알코올 등의 화합물을 발견하거나 만들어 내었다.

화학적 실험과 화합물의 발견은 당연히 의학의 발전으로 이어졌다. 아랍인들은 스스로 의학을 연구하고 치료술을 개발했을 뿐만 아니라 그리스의 의학서적을 번역하는 등 서양의 의학적 지식을 활발하게 수용했다. 하지만 아랍인들은 그리스의 그것을 능가하는 의학을 자랑했다. 중세 전성기와 중세 말부터 근대 초까지 유럽 대학에서의 의학교육은 주로 아랍의 의학자들 — 알 라지Ar-Razi·이븐 알 아바스Ibn al-Abbas·이븐 시나(Ibn Sina, 아비세나)·(코르도바 출신의) 아불 카심Abul Kasim 등 — 이 지은 의서의 라틴어 번역본에 의존했다. 특히 안질·천연두·홍역 등의 치료에 관한 아랍의 의서들은 18세기까지도 그 분야의 권위서로 통했다.

아마도 아랍의 가장 유명한 의학자는 알 라지와 이븐 시나일 것이다. 알 라지(865?~923/32)는 10세기에 모든 의학지식을 집대성한 20권의 『의학대전』을 남겼다. 『의학대전』은 그리스와 아랍의 의학은 물론 페르시아와 인도의 의학까지 종합한 의서였고, 12세기에 라틴어로 번역된 이래 17세기까지 서구의 대학에서 의학교재로 사용되었다. 이븐 시나(980~1037)는 기왕의 의학을 체계화하여 중세의 가장 뛰어난 의학서로 평가받은 『의학규범』을 썼으며, 그 밖에 『회복의 서』도 남겼다. 뿐만 아니라 이슬람세계의 중요한 도시들에는 대소 병원과 의학도서관들이 있었다. 그들은 약전藥典도 처음으로 만들어 냈는데, 그것은 효험 있는 식물이나 약들에 관한 정보를 수집하고 기록한 것에서 비롯했다.

문학과 건축

아랍-이슬람세계는 수학과 과학 이외의 분야에서도 인류문화에 적지 않게 기여했다. 여기서는 아랍의 문학과 건축을 간략히 살펴보기로 한다.

인류 최대의 로망 중 하나이며 인간의 상상력을 한껏 발휘한 문학작품으로 평가받기도 하는 『아라비안 나이트』(천일야화)는 상상력을 잃고 꿈을 상실하기 쉬운 우리에게 한 줄기 빛을 던져주고 있다. 아랍만이 아니라 인도, 중국, 그리스 등지의 이야기도 포함되어 있는 『아라비안 나이트』는 잘 알고 있듯이 사랑하는 남녀의 비운이나 도시생활의 에피소드를 모은 서민문학의 걸작이다.

아랍인들은 비잔틴의 성당건축술을 응용하여 자신들의 마스지드(모스크)를 지었다. 마스지드를 비롯한 아랍 건축물들은 대개 둥근 지붕과 원주圓柱, 그리고 첨탑을 자랑한다. 물론 지역에 따라 약간의 차이가 있었으나 마스지드에는 샘을 가진 앞마당이 있는 반면 — 무슬림들은 신전 안으로 들어가기 전에 손을 씻어야 했다 — 내부는 별다른 장식이 없었다. 다만 '아라베스크'라고 하는 무늬로 내부를 장식했을 뿐이다. 아라베스크는 식물문양, 기하학문양, 동물문양을 예술적으로 융합한 정교한 벽면장식이다. 아라비아문자도 내부장식에 이용되었는데, 그 내용은 『꾸란』의 구절이나 초기의 네 칼리프의 이름 같은 것이었다. 마스지드에

바위돔 모스크의 창문

알 함브라에서 가장 오랜된 궁전인 파르탈 궁전과 정원

는 메카의 방향을 가르쳐주는 벽감壁龕인 '미라브mihrab'와 금요예배의 집전자를 위한 제단도 있었다.

다마스쿠스·카이로·예루살렘·코르도바 등에는 둥근 지붕, 첨탑, 아라베스크 등 뚜렷한 특징을 갖는 마스지드들이 다수 있지만 그 중에서도 가장 유명한 것은 그라나다의 알 함브라 궁이다. 바그다드의 옴미아드궁, 다마스쿠스의 초록궁, 카이로의 파티마궁, 세빌레의 알카자성 등도 아랍세계가 자랑하는 비非종교적 건축물이었다.

사원이기도 한 알 함브라 궁(붉은 궁)은 세계 건축사의 한 페이지를 장식하는 건축물 가운데 하나이다. 한때 이베리아반도를 지배했던 무어족 최후의 보루였던 스페인 남부 그라나다의 '세로 델 솔(태양의 언덕)' 위에 있는 이 궁전(사원)은 13~14세기에 지어졌다. 알 함브라 궁의 수많은 기둥·벽·천장은 아라베스크무늬와 아라비아어로 쓴 『꾸란』 구절로 가득 차 있다. 그 위에 각 부분에 어울리는 색채까지 곁들여져 아름다움을 더해준다. 특히 가장 잘 알려진 부분은 왕가의 여인들이 생활한 내

전인 사자궁이다. 125개의 대리석 기둥, 연신 물을 뿜어내는 12마리의 사자, 화려한 장식 등은 오늘날도 세인의 발길을 멈추게 한다.

서양문화에의 공헌

이슬람의 수준 높은 문화는 중세 말과 근대 초에 유럽에 전래되어 유럽의 근대문화에 큰 영향을 끼쳤다. 서양은 특히 수학, 화학, 의학과 건축 등에서 많은 영향을 받았다. 여기서는 영어로 발전한 아라비아어 용어 중의 일부를 소개하는 것으로 이슬람문명이 서양은 물론 세계에 끼친 영향에 대한 이야기를 대신한다.

대수학(algebra)은 이미 소개했지만 1) 과학 분야의 alcohol(알코올)·alkali(알칼리)·alchemy(연금술), 2) 음악 분야의 lute(기타 비슷한 악기)·tambourine(탬버린)·guitar(기타)·cymbal(심벌)·rebec(바이올린의 전신인 3현악기)·fanfare(팡파르), 3) 상업 분야의 bazaar(시장)·check(수표)·risk(위험)·tariff(관세), 4) 식품 분야의 sugar(설탕)·saffron(사프란)·rice(쌀)·lemon(레몬)·melon(멜론), 5) 섬유 계통의 cotton(목화)·muslin(무슬린)·damask(다마스크천), 6) 기타 zenith(천장)·magazine(잡지)·admiral(제독)·nadir(정점)·sloop(범선)·cipher(0, 계산, 암호) 등은 모두 아라비아어 용어가 영어의 그것으로 된 경우이다. 그 밖에도 'albacore(다랑어)' 'alembic(증류기)' 'almagra(황토)' 'alnath(별이름)' 등 'al'로 시작되는 영어 용어 가운데 상당수는 아라비아어에서 유래한 것이다.[29]

문화적 성취의 몇 가지 배경

앞에서 옴미아드조와 아바스조의 아랍인들이 페르시아, 비잔틴제국, 인도 등을 비롯한 주변 지역으로부터 다양하고 우수한 문화를 흡수했음을 지적했다. 그러나 외래문화의 흡수만으로 우수한 문화가 창조되는 것은 아닐 것이다. 토착문화와 외래문화가 적절히 융합할 때 문화적 발전이 가능할 것이다. 어떤 장점이 아랍-이슬람세계로 하여금 뛰어난 문화를 자랑할 수 있게 했을까?

이슬람교와 아라비아어

아랍인들로 하여금 그처럼 훌륭한 문화를 창조할 수 있게 한 것은 무엇보다도 그들의 종교였다. 앞서 이슬람교가 이슬람제국이 발전하는 데 원동력이 되었음을 이야기했지만, 이슬람교는 또한 예술적·문학적 발전을 촉진시켰다. 아랍인들에 있어 모든 것이며 삶 그 자체였던 이슬람교는 그들의 문화적 창조력과 지적 상상력의 원천이었다. 더욱이 이슬람교는 신도들에게 성지순례를 강력히 요구함으로써 지역과 역사를 달리하는 신도들 사이의 문화적 교류를 북돋우었다.

언어가 문화에 끼치는 영향은 새삼 논설할 필요가 없을 것이다. 아라비아어 또한 이슬람문화가 세계적 문화로 성장하는 데 크게 기여했다. 특히 『꾸란』을 다른 언어로 번역하는 것이 허용되지 않았으므로 그것을 읽기 위해서는 무슬림은 누구나 아라비아어를 배워야 했다. 아라비아어는 특히 융통성이 큰데 다 『꾸란』의 언어였으므로 쉽게 전체 이슬람세계의 표준어로 발전했다. 그리하여 아라비아어는 이슬람교와 함께 문화의 창조를 자극하고 나아가 이슬람세계를 하나의 세계로 만드는 데 크게 기여했다.

주변 문화의 흡수

또한 아랍인들은 주변의 수준 높은 문화를 흡수하여 자신의 것으로 삼는 데도 뛰어났다. 이슬람제국에 정복당한 지역들이 훌륭한 문화를 자랑하던 페르시아나 비잔틴제국의 일부였다는 사실을 가벼이 볼 수 없다. 흔히 아랍인들은 페르시아의 전통에서 정치를, 그리스에서 철학을, 페르시아와 그리스에서 문학을 배웠다고 일컬어진다. 그들은 페르시아·그리스·로마·비잔틴·인도·중국 등의 우수한 문화를 흡수했다. 당연하지만 실크로드는 아랍이 외래문화를 흡수하는 중요한 루트 중 하나였다. 티그리스강 하구, 곧 홍해의 항구에는 인도와 중국 등지로부터 온 배들이 항상 늘어서 있고 상점에는 중국산 비단과 도자기, 동아시아의 향료, 러시아의 모피, 아프리카의 상아 등이 진열되어 있었다. 각국의 상인들이 모여들었으므로 당연히 여러 나라의 관습과 문화가 교류되었다.

아랍인들은 동지중해와 그 주변 지역에서 거의 항상적 전쟁상태에 있던 비잔틴제국과도 문물을 활발히 교류했다. 특히 비잔틴제국과 평화롭게 지내는 동안 아랍인들은 비잔틴문화를 존중하고 그것을 부지런히 흡수했다. 당시 무슬림들은 비잔틴인들을 자기들 이외의 유일한 문화민족으로 대우하고 외교적으로도 배려했다고 하는데, 그것은 두 문화가 활발히 교류되고 아랍인들이 그리스문화를 자주 접했다는 사실을 입증해주는 것이다. 물론 비잔틴인들도 이슬람인들을 예우했다. 즉 그들도 아랍사회의 여성과 관련한 관습을 양해했으며, 외교상의 관례였지만 칼리프의 사신들에게만은 칼리프가家의 부녀자들의 안부를 묻지 않기로 정해져 있었다고 한다.

이슬람문화가 과학부문에서 인류문화에 크게 이바지했음은 앞에서 지적한 바 있지만, 아랍인들은 그리스는 물론 주변세계의 과학적 업적을 흡수하여 자기들의 것으로 만드는 데 열중했다. 역시 친선관계를 유지하면서 문물을 교류할 때의 비잔틴인들과 아랍인들은 서로 상대방의 과학상의 성취를 칭송했다고 한다. 아랍인들은 그리스와 인도의 위대한 과학적·철학적 저작들을 아라비아어로 번역하였다. 전술했듯이 중국과 인도로부터 정교한 수학적 기법, 특히 인도로부터는 1에서 9까지의 기호사용을 배웠다.

학문과 문화 후원

강력한 국력을 자랑한 이슬람제국은 문화적 일에도 소홀하지 않았다. 특히 아바스조는 학문을 장려하고 문화적 활동을 지원했다. 동생과의 처절한 권력투쟁 후 아바스조의 7대 칼리프에 오른 알 마문(813~833)은 학문과 문화를 적극 후원하고 장려한 칼리파였다. 그의 시대에 바그다드에 천문대가 등장하고 학교가 세워졌으며, 아리스토텔레스와 그 밖의 철학자들의 저작들이 번역되는 등 아랍-이슬람문명은 전성기를 구가했다.

아래에서 볼 수 있듯이 어렵게 칼리파가 된 마문은 아바스조시대 전체를 통해 문화적으로 가장 빛나는 업적을 남긴 칼리파가 되었다. 철학·수학·천문학·의학 등에 조예가 깊었던 그는 바그다드에 학자들을 불러 모으고 '학문의 집(Bayt al-Hikamh)'을 세워 그리스 고전들을 번역하게 했다. '학문의 집'에는 도서관이 있어 학자들의 연구를 도왔다. 그 밖에 천문대가 있어 천문학자들은 경도와 위도를 측정하였는데 금일의 기준으로 보아도 놀라울 정도로 정확한 지구표면적을 계산했다.

당시에도 『꾸란』의 해석과 관련하여 인간의 자유의지를 강조하는가 하면 『꾸란』의 초월성을 부정하고 창조물로 수용하려는 경향이 있었는데 그리스 철학의 영향을 받은 마문 또한 그런 경향에 동조했다. 그리하여 그는 827년에 칙령으로 『꾸란』의 창조설을 확인했고 833년에는 창조설에 반대하는 자들을 추방하고 탄압했다.

_알 마문과 권력투쟁

알 마문도 자칫 권력투쟁의 희생물이 될 뻔했는데 그랬을 경우 이슬람세계는 특히 문화적으로 큰 손실을 입었을지도 모를 일이다. 아바스조 제5대 칼리프였던 그의 아버지 하룬이

형과의 유혈투쟁을 거쳐 칼리파가 되었듯이 마문이 칼리파가 되는 과정 또한 순탄하지 않았다.

하룬은 이란계 노예 소생인 큰아들 마문(압둘라)과 정비正妃 소생인 작은아들 아민을 두었다. 6개월 먼저 태어났으나 노예 소생이었던 마문은 2대 칼리프 만수르의 손녀이며 하룬과 사촌간이었던 정비 주바이다의 소생 아민에게 밀려날 수밖에 없었다. 하지만 하룬은 아민을 제1 후계자로, 마문을 제2 후계자로 삼되, 마문은 아민에게 충성하고 아민은 형 마문을 후계자로 받아들여 제국 동반부의 통치를 맡기도록 한 다음 두 아들에게 서약서를 쓰게 했다 — 서약서는 메카의 문서국에 현재까지 보존되어 있다고 한다.

그러나 하룬이 죽은 후 칼리파가 된 아민은 서약을 깨고 자신의 아들을 후계자로 삼으려 했다. 따라서 동부로 가서 자신의 소임에만 열중하던 마문과 바그다드의 아민은 후계자 문제를 놓고 혈전을 벌이게 되었다. 칼리파로서의 우월한 지위를 이용하여 선공한 아민은 그러나 테헤란 부근의 첫 싸움에서 마문의 이란 출신 타히르에게 패했다. 싸움은 이란인들의 지원을 받은 마문의 승리로 끝나고 마문은 마침내 칼리파에 올랐다. 물론 아민에게 돌아갈 것이라곤 처형되는 것뿐이었고 앞서 만수르가 심혈을 기울여 지은 바그다드의 둥근 성 또한 싸움 중에 폐허가 되다시피 했다.

주

1) 金容善 옮김, 『코란』, 대양서적, 1971.
2) 꾸란은 알라를 99가지로 호칭하는데, 그 중에는 창조자(Al Khaliq), 전능자(Al' Aziz), 통치자(Al Hakim), 존엄자(Al Jalil), 용서하는 자(Al Ghaffar 혹은 Al Ghafur) 등의 칭호도 있다. 혹자는 '아무도 모르는 존귀한 이름'을 넣어 알라의 호칭을 100개라고 말한다.(Jack Burd, 중동선교회 옮김, 『이슬람이란 무엇인가?*Studies on Islam*』, 예루살렘, 1992, 86-90쪽.)
3) 이슬람력曆에서도 1년은 12개월로 이루어진다. 각 달은 30일 혹은 29일이지만 12월은 30일인 경우와 29일인 경우가 주기적으로 반복된다. 매월의 시작은 대개 초승달이 뜰 때부터다.
4) 중동선교회, 앞의 책, 73-75쪽.
5) 손주영·김상태 엮음, 『중동의 새로운 이해』, 오름, 1999, 144쪽.
6) 이슬람교는 이교도 여성과의 결혼을 금한다. "이교도의 여자하고는 그 여자들이 믿을 때까지 결혼해서는 안 된다…… 이교도의 여자보다는 믿음을 가진 노예가 더 나은 편이다."(『꾸란』 2:221)
7) "믿는 자이든 유대교도이든 사비아 사람이든 그리스도교도이든 알라와 최후의 날을 믿고 선한 일을 하는 자는 무서워할 것도 없고 슬퍼할 것도 없다"(『꾸란』 5:69)고 가르친다. 하지만 이슬람교 역시 남자는 여자보다 우월하다고 가르친다. "남자는 여자보다 우위에 있다."(『꾸란』 4:34)
8) 중동선교회, 앞의 책, 60쪽.
9) Ibn Khaldun, 金容善 옮김, 『이슬람思想 *Muqaddima*』, 삼성출판사, 1981, 69쪽.
10) *Encyclopaedia Britannica*, 1970, vol.12 (Islam).
11) 손주영, 『이슬람 칼리파史』, 민음사, 1997, 23쪽.
12) 중동선교회, 앞의 책, 48쪽.
13) 손주영, 앞의 책, 21쪽.

14) 중동선교회, 앞의 책, 52쪽.

15) A. J. Toynbee, abr. by D. C. Somervwll, 洪思重 옮김, 『역사의 연구 *A Study of History*』(I), 동서문화사, 1975, 43쪽.

16) 金容善 옮김, 『이슬람思想』, 144쪽.

17) "누구나 다른 사람을 대신할 수 없으며, 이로부터 보상도 받을 수 없으며, 조정도 소용이 없고 누구에게도 도움을 받을 수 없는 날을 두려워한다."(『꾸란』 2:123)

18) 金容善 옮김, 『이슬람思想』, 144쪽.

19) 중동선교회, 앞의 책, 30-39, 64-66쪽.

20) 손주영, 앞의 책, 22-23, 31-33, 41, 618, 623, 640쪽.; Cf. 중동선교회, 앞의 책.

21) 『꾸란』은 "알라께서는 너희들을 지상의 대리자로 하셔 너희들 속에 어떤 자에게는 다른 자보다 더 높은 신분을 주셨다"(6:165), 혹은 "알라께서는 너희들을 아드족의 후계자로 하여 지상에 살 집을 주신 때의 일을 생각하라"(7:74)라고 가르쳐 칼리파의 위상을 설정해 주었다.

22) H. Rosenberg, *Bureaucracy, Aristocracy, and Autocracy*, Harvard U. Press, 1958, pp.35-36.

23) Cf. E. O. Reischauer, J. K. Fairbank, 全海宗·高柄翊 옮김, 『東洋文化史 *A History of East Asian Civilization*』(1), 을유, 1964, 420쪽.

24) 이슬람제국은 717년에 수군을 위시한 대군으로 비잔티움을 공격했다. 레온 3세의 비잔틴제국은 교묘한 해군전략을 펴고 '그리스의 불'로 대응하는 등 사력을 다해 방어했다. 비잔틴제국은 불가르족의 지원을 받은 데다 다행히 매서운 겨울 추위에도 도움을 받았다. 이슬람제국은 굳은 결의로 거세게 공격했으나 다음해 8월에 퇴각해야 했고 비잔틴제국은 힘겹게나마 나라를 보전할 수 있었다.

25) 岩波講座, 『世界歷史』(7), 岩波書店, 1969, pp.97-100, 183-184.

26) Henri Pirenne, *Mohammed and Charlemagne*, Norton, 1939, pp.140-150, 265-285.

27) 인도의 아르야브하타Aryabhata는 499년에 π를 3.1416으로, 1년을 365.3586일로 계산했다.
28) 정수일, 『문명의 루트 실크로드』, 효형출판, 2002, 64쪽.
29) Cf. 梁秉祐 外 옮김. 『世界文化史』(上), 1967, 386, 390쪽; *The Shorter Oxford English Dictionary on Historical Principles*.

이슬람의 탄생

펴낸날	초판 1쇄 2008년 2월 25일 초판 5쇄 2015년 11월 17일
지은이	**진원숙**
펴낸이	**심만수**
펴낸곳	**(주)살림출판사**
출판등록	1989년 11월 1일 제9-210호
주소	경기도 파주시 광인사길 30
전화	031-955-1350 팩스 031-624-1356
기획·편집	031-955-4671
홈페이지	http://www.sallimbooks.com
이메일	book@sallimbooks.com
ISBN	978-89-522-0808-8 04080

※ 값은 뒤표지에 있습니다.
※ 잘못 만들어진 책은 구입하신 서점에서 바꾸어 드립니다.

함께 읽으면 좋은 책

역사 · 문명

085 책과 세계

강유원(철학자)

책이라는 텍스트는 본래 세계라는 맥락에서 생겨났다. 인류가 남긴 고전의 중요성은 바로 우리가 가 볼 수 없는 세계를 글자라는 매개를 통해서 우리에게 생생하게 전해 주는 것이다. 이 책은 역사라는 시간과 지상이라고 하는 공간 속에 나타났던 텍스트를 통해 고전에 담겨진 사회와 사상을 드러내려 한다.

056 중국의 고구려사 왜곡 `eBook`

최광식(고려대 한국사학과 교수)

중국의 고구려사 왜곡의 숨은 의도와 논리, 그리고 우리의 대응 방안을 다뤘다. 저자는 동북공정이 국가 차원에서 진행되는 정치적 프로젝트임을 치밀하게 증언한다. 경제적 목적과 영토 확장의 이해관계 등이 복잡하게 얽혀 있는 동북공정의 진정한 배경에 대한 설명, 고구려의 역사적 정체성에 대한 문제, 고구려사 왜곡에 대한 우리의 대처방법 등이 소개된다.

291 프랑스 혁명 `eBook`

서정복(충남대 사학과 교수)

프랑스 혁명은 시민혁명의 모델이자 근대 시민국가 탄생의 상징이지만, 그 실상을 아는 사람은 많지 않다. 프랑스 혁명이 바스티유 습격 이전에 이미 시작되었으며, 자유와 평등 그리고 공화정의 꽃을 피기 위해 너무 많은 피를 흘렸고, 혁명의 과정에서 해방과 공포가 엇갈리고 있었다는 등의 이야기를 통해 프랑스 혁명의 실상을 소개한다.

139 신용하 교수의 독도 이야기 `eBook`

신용하(백범학술원 원장)

사학계의 원로이자 독도 관련 연구의 대가인 신용하 교수가 일본의 독도 영토 편입문제를 걱정하며 일반 독자가 읽기 쉽게 쓴 책. 저자는 역사적으로나 국제법상으로 실효적 점유상으로나, 어느 측면에서 보아도 독도는 명백하게 우리 땅이라고 주장하며 여러 가지 역사적인 자료를 제시한다.

역사 · 문명

144 페르시아 문화

eBook

신규섭(한국외대 연구교수)

인류 최초 문명의 뿌리에서 뻗어 나와 아랍을 넘어 중국, 인도와 파키스탄, 심지어 그리스에까지 흔적을 남긴 페르시아 문화에 대한 개론서. 이 책은 오랫동안 베일에 가려 있던 페르시아 문명을 소개하여 이슬람에 대한 편견과 오해를 바로 잡는다. 이태백이 이란계였다는 사실, 돈황과 서역, 이란의 현대 문화 등이 서술된다.

086 유럽왕실의 탄생

김현수(단국대 역사학과 교수)

인류에게 '예술과 문명' 그리고 '근대와 국가'라는 개념을 선사한 유럽왕실. 유럽왕실의 탄생배경과 그 정체성은 무엇인가? 이 책은 게르만의 한 종족인 프랑크족과 메로빙거 왕조, 프랑스의 카페 왕조, 독일의 작센 왕조, 잉글랜드의 웨섹스 왕조 등 수많은 왕조의 출현과 쇠퇴를 통해 유럽 역사의 변천을 소개한다.

016 이슬람 문화

이희수(한양대 문화인류학과 교수)

이슬람교와 무슬림의 삶, 테러와 팔레스타인 문제 등 이슬람 문화 전반을 다룬 책. 저자는 그들의 멋과 가치관을 흥미롭게 설명하면서 한편으로 오해와 편견에 사로잡혀 있던 시각의 일대 전환을 요구한다. 이슬람교와 기독교의 관계, 무슬림의 삶과 낭만, 이슬람 원리주의와 지하드의 실상, 팔레스타인 분할 과정 등의 내용이 소개된다.

100 여행 이야기

eBook

이진홍(한국외대 강사)

이 책은 여행의 본질 위를 '길거리의 철학자'처럼 편안하게 소요한다. 먼저 여행의 역사를 더듬어 봄으로써 여행이 어떻게 인류 역사의 형성과 같이해 왔는지를 생각하고, 다음으로 여행의 사회학적 · 심리학적 의미를 추적함으로써 여행에 어떤 의미를 부여할 것인가에 대해 말한다. 또한 우리의 내면과 여행의 관계 정의를 시도한다.

역사·문명

293 문화대혁명 중국 현대사의 트라우마

eBook

백승욱(중앙대 사회학과 교수)

중국의 문화대혁명은 한두 줄의 정부 공식 입장을 통해 정리될 수 없는 중대한 사건이다. 20세기 중국의 모든 모순은 사실 문화대혁명 시기에 집약되어 있다고 해도 과언이 아니다. 사회주의 시기의 국가·당·대중의 모순이라는 문제의 복판에서 문화대혁명을 다시 읽을 필요가 있는 지금, 이 책은 문화대혁명에 대한 안내자가 될 것이다.

174 정치의 원형을 찾아서

eBook

최자영(부산외국어대학교 HK교수)

인류가 걸어온 모든 정치체제들을 매우 짧은 기간 동안 시험하고 정비한 나라, 그리스. 이 책은 과두정, 민주정, 참주정 등 고대 그리스의 정치사를 추적하고, 정치가들의 파란만장한 일화 등을 소개하고 있다. 특히 이 책의 저자는 아테네인들이 추구했던 정치방법이 오늘 우리 사회가 당면한 문제를 해결할 수 있는 지혜의 발견에 도움을 줄 수 있을 것이라고 말한다.

420 위대한 도서관 건축순례

eBook

최정태(부산대학교 명예교수)

이 책은 도서관의 건축을 중심으로 다룬 일종의 기행문이다. 고대 도서관에서부터 21세기에 완공된 최첨단 도서관까지, 필자는 가능한 많은 도서관을 직접 찾아보려고 애썼다. 미처 방문하지 못한 도서관에 대해서는 문헌과 그림 등 가능한 많은 정보를 수집하려 노력했다. 필자의 단상들을 함께 읽는 동안 우리 사회에서 도서관이 차지하는 의미에 대해 다시 생각하게 된다.

421 아름다운 도서관 오디세이

eBook

최정태(부산대학교 명예교수)

이 책은 문헌정보학과에서 자료 조직을 공부하고 평생을 도서관에 몸담았던 한 도서관 애찬가의 고백이다. 필자는 퇴임 후 지금까지 도서관을 돌아다니면서 직접 보고 배운 것이 40여 년 동안 강단과 현장에서 보고 얻은 이야기보다 훨씬 많았다고 말한다. '세계 도서관 여행 가이드'라 불러도 손색없을 만큼 풍부하고 다채로운 내용이 이 한 권에 담겼다.

역사 · 문명

eBook 표시가 되어있는 도서는 전자책으로 구매가 가능합니다.

016 이슬람 문화 | 이희수
017 살롱문화 | 서정복 eBook
020 문신의 역사 | 조현설
038 헬레니즘 | 윤진 eBook
056 중국의 고구려사 왜곡 | 최광식 eBook
085 책과 세계 | 강유원
086 유럽왕실의 탄생 | 김현수 eBook
087 박물관의 탄생 | 전진성 eBook
088 절대왕정의 탄생 | 임승휘 eBook
100 여행 이야기 | 이진홍
101 아테네 | 장영란 eBook
102 로마 | 한형곤 eBook
103 이스탄불 | 이희수
104 예루살렘 | 최창모 eBook
105 상트 페테르부르크 | 방일권 eBook
106 하이델베르크 | 곽병휴 eBook
107 파리 | 김복래 eBook
108 바르샤바 | 최건영 eBook
109 부에노스아이레스 | 고부안 eBook
110 멕시코 시티 | 정혜주 eBook
111 나이로비 | 양철준 eBook
112 고대 올림픽의 세계 | 김복희
113 종교와 스포츠 | 이창익
115 그리스 문명 | 최혜영
116 그리스와 로마 | 김덕수
117 알렉산드로스 | 조현미
138 세계지도의 역사와 한반도의 발견 | 김상근 eBook
139 신용하 교수의 독도 이야기 | 신용하
140 간도는 누구의 땅인가 | 이성환 eBook
143 바로크 | 신정아 eBook
144 페르시아 문화 | 신규섭
150 모던 걸, 여우 목도리를 버려라 | 김주리 eBook
151 누가 하이카라 여성을 데리고 사누 | 김미지 eBook
152 스위트 홈의 기원 | 백지혜 eBook
153 대중적 감수성의 탄생 | 강심호
154 에로 그로 넌센스 | 소래섭 eBook
155 소리가 만들어낸 근대의 풍경 | 이승원 eBook
156 서울은 어떻게 계획되었는가 | 염복규 eBook
157 부엌의 문화사 | 함한희
171 프랑크푸르트 | 이기식 eBook

172 바그다드 | 이동은 eBook
173 아테네인, 스파르타인 | 윤진 eBook
174 정치의 원형을 찾아서 | 최자영
175 소르본 대학 | 서정복 eBook
187 일본의 서양문화 수용사 | 정하미
188 번역과 일본의 근대 | 최경옥
189 전쟁국가 일본 | 이성환
191 일본 누드 문화사 | 최유경
192 주신구라 | 이준섭
193 일본의 신사 | 박규태 eBook
220 십자군, 성전과 약탈의 역사 | 진원숙
239 프라하 | 김규진 eBook
240 부다페스트 | 김성진 eBook
241 보스턴 | 황선희
242 돈황 | 전인초 eBook
249 서양 무기의 역사 | 이내주
250 백화점의 문화사 | 김인호
251 초콜릿 이야기 | 정한진
252 향신료 이야기 | 정한진
259 와인의 문화사 | 고형욱
269 이라크의 역사 | 공일주
283 초기 기독교 이야기 | 진원숙
285 비잔틴제국 | 진원숙 eBook
286 오스만제국 | 진원숙 eBook
291 프랑스 혁명 | 서정복 eBook
292 메이지유신 | 장인성
293 문화대혁명 | 백승욱 eBook
294 기생 이야기 | 신현규 eBook
295 에베레스트 | 김법모 eBook
296 빈 | 인성기 eBook
297 발트3국 | 서진석 eBook
298 아일랜드 | 한일동
308 홍차 이야기 | 정은희 eBook
317 대학의 역사 | 이광주
318 이슬람의 탄생 | 진원숙
335 고대 페르시아의 역사 | 유흥태
336 이란의 역사 | 유흥태
337 에스파한 | 유흥태
342 다방과 카페, 모던보이의 아지트 | 장유정
343 역사 속의 채식인 | 이광조

371 대공황 시대 | 양동휴 eBook
420 위대한 도서관 건축순례 | 최정태 eBook
421 아름다운 도서관 오디세이 | 최정태 eBook
423 서양 건축과 실내 디자인의 역사 | 천진희 eBook
424 서양 가구의 역사 | 공혜원
437 알렉산드리아 비블리오테카 | 남태우 eBook
439 전통 명품의 보고, 규장각 | 신병주 eBook
443 국제난민 이야기 | 김철민 eBook
462 장군 이순신 | 도현신 eBook
463 전쟁의 심리학 | 이윤규
466 한국무기의 역사 | 이내주 eBook
486 대한민국 대통령들의 한국경제 이야기1 | 이장규 eBook
487 대한민국 대통령들의 한국경제 이야기2 | 이장규 eBook
490 역사를 움직인 중국 여성들 | 이양자
493 이승만 평전 | 이주영
494 미군정시대 이야기 | 차상철
495 한국전쟁사 | 이희진 eBook
496 정전협정 | 조성훈
497 북한 대남침투도발사 | 이윤규 eBook
510 요하 문명(근간)
511 고조선왕조실록(근간)
512 고구려왕조실록 1(근간)
513 고구려왕조실록 2(근간)
514 백제왕조실록 1(근간)
515 백제왕조실록 2(근간)
516 신라왕조실록 1(근간)
517 신라왕조실록 2(근간)
518 신라왕조실록 3(근간)
519 가야왕조실록(근간)
520 발해왕조실록(근간)
521 고려왕조실록 1(근간)
522 고려왕조실록 2(근간)
523 조선왕조실록 1 | 이성무 eBook
524 조선왕조실록 2 | 이성무 eBook
525 조선왕조실록 3 | 이성무
526 조선왕조실록 4 | 이성무
527 조선왕조실록 5 | 이성무
528 조선왕조실록 6 | 편집부

㈜살림출판사
www.sallimbooks.com
주소 경기도 파주시 문발동 522-1 | 전화 031-955-1350 | 팩스 031-955-1355